AF199813

Ludwig Rütimeyer

Ueber einige Beziehungen zwischen den Säugetierstämmen Alter und Neuer Welt

Ludwig Rütimeyer

Ueber einige Beziehungen zwischen den Säugetierstämmen Alter und Neuer Welt

ISBN/EAN: 9783743475328

Hergestellt in Europa, USA, Kanada, Australien, Japan

Cover: Foto ©berggeist007 / pixelio.de

Weitere Bücher finden Sie auf **www.hansebooks.com**

Abhandlungen

der

schweizerischen paläontologischen Gesellschaft.

Vol. XV. (1888).

UEBER EINIGE BEZIEHUNGEN

ZWISCHEN DEN

SÄUGETHIERSTÄMMEN

ALTER UND NEUER WELT.

ERSTER NACHTRAG ZU DER EOCÄNEN FAUNA VON EGERKINGEN.

VON

L. Rütimeyer.

Mit einer Tafel nebst Holzschnitten.

ZÜRICH,

Druck von Zürcher und Furrer.

1888.

UEBER EINIGE BEZIEHUNGEN

ZWISCHEN DEN

SÄUGETHIERSTÄMMEN

ALTER UND NEUER WELT.

ERSTER NACHTRAG ZU DER EOCÄNEN FAUNA VON EGERKINGEN.

VON

L. RÜTIMEYER.

I.

Einige Bemerkungen über Classification,

insbesondere bei Hufthieren.

--

Mit der massenhaften Aufdeckung erloschener Thierformen, welche die paläontologischen Fortschritte des letzten Jahrzehndes sowohl in der neuen als in der alten Welt bezeichnet, ist eine der spannendsten Aufgaben der historischen Zoologie, die Ableitung der besondern Formen heutiger Thierwelt von solchen früherer Epochen, nicht etwa leichter geworden. Zwar hat sich die Erscheinung des Säugethiertypus in früheren Perioden der uns bisher aufgedeckten Frist seines Daseins immer reicher und mannigfaltiger erwiesen. Dennoch ist es fast schwerer als früher, sich von der Art der allmäligen Bevölkerung der Erde mit den Gestalten, die ein Anrecht haben, als die nächsten Quellen der heutigen Thierwelt zu gelten, und von deren allmäliger Umgestaltung bis zu ihrer gegenwärtigen Erscheinungsform ein befriedigendes Bild zu machen. Leichter bewegt sich ja die Phantasie in umgekehrter Richtung, nach den Anfängen statt nach den Endpunkten dieser Formen; um so ungehemmter, als ja die wichtigste Lichtquelle, der Einblick in Art und Ort der Säugethierentwicklung vor der Tertiärzeit bis jetzt fast verschlossen blieb. Vor allem haben sich in der sogenannten Neuen Welt offenbar alte Quellgebiete von so ausserordentlichem Reichthum eröffnet, dass allerlei frühere Anschauungen sich als zweifelhaft oder unzureichend erwiesen. Während noch vor zwei Jahrzehnden die in Bezug auf Fossilien früher untersuchte alte Welt als Mutterstätte der Mehrzahl der Säugethiere gelten, und die

Bevölkerung der Neuen Welt gutentheils als eine von ersterer ausgegangene Colonie erscheinen konnte, ist bei mancher der wichtigsten Thierfamilien eher das Gegentheil wahrscheinlich geworden. Oder es ist sogar der Ausweg gesucht worden, für diesen oder jenen scheinbaren Schlusstypus verschiedene Quellen anzunehmen, aus welchen derselbe durch Convergenz des Entwicklungsganges hervorgegangen sei. Zudem sind mancherlei Anschauungen, welche der in der Alten Welt zu Schlüssen von scheinbar verbindlicher Natur gelangten Paläontologie entstammten, durch die americanischen Entdeckungen grossentheils in Frage gestellt worden. Sind doch sogar einige der umfassendsten Gesichtspunkte früherer Zoologie, wie etwa die Unabhängigkeit der gestaltlichen Metamorphose, sowie der geographischen Zerstreuung von Placentalia und Implacentalia in vollem Schwanken begriffen.[*])

Namentlich ist für alles weitere Eingehen in solche Fragen die Untersuchung schwieriger geworden, seitdem in America zu den seit Cuvier anerkannten Grundsätzen für Säugethier-Classification und theilweise an Stelle derselben eine Anzahl von neuen gestellt worden, deren Anwendbarkeit mindestens auf altweltliche Typen erst noch zu erproben war.

Für Cuvier'sche Zoologie galten als umfassendste Merkmale der Säugethier-Organisation vorerst Placentalität und Implacentalität; der Art, dass trotz der höchst ungleichen Art der Vertretung beider Organisations-Pläne die Vertreter jedes derselben in letzter Linie als Descendenten eines gemeinsamen Stammes zu denken waren.[**])

Für die Implacentalia stiess eine solche Anschauung auf keine grosse Schwierigkeit, da ihre Organisation, mindestens innerhalb der noch lebenden Formen, sich

---

[*] Ich habe solchen Fragen vor vielen Jahren eine einlässliche Besprechung gewidmet in der Schrift über die Herkunft unserer Thierwelt, Basel, Georg 1867. Selbstverständlich ist seither, auch ganz abgesehen von den amerikanischen Entdeckungen, über fossile Säugethiere überaus viel Thatsächliches hinzugekommen, was Manches in anderes Licht stellt. Dennoch würde ich es noch nicht wagen, an der jener Schrift beigelegten Karte, welche den Versuch macht, das heutige Ergebniss aller dieser Veränderungen in ein gemeinsames Bild zu bringen, Vieles zu ändern, namentlich weil einstweilen der Versuch für geographische Verbreitung einzelner natürlicher Familien in den verschiedenen geologischen Epochen noch viel zu gewagt sein würde.

[**] Dass eine der historischen Metamorphose angepasste Uebersicht der heutigen Thierwelt von den auf Cuvier'sche Anschauungen gegründeten, wovon etwa die von Flower im Jahre 1883 Proc. Zool. Soc. Apr. 17 gegebene als die sorgfältigst amendirte gelten kann, mit der Zeit sehr verschieden ausfallen werde, ist mit Sicherheit vorauszusehen. Aber auch den Versuchen, die fossilen Thiere mit in die Reihe zu bringen, wie sie bisher am vollständigsten durchgeführt worden sind in dem sicher noch für lange Zeit dienenden Meisterwerk von Lydekker, Catalogue

innerhalb relativ enger Grenzen hält. Alle erschienen zum Beispiel mehr oder weniger unguiculat, und auch die verschiedenen Zahnformen liessen sich mit sehr wenigen Ausnahmen auf einen gemeinsamen Plan zurückführen.

Ueberaus viel breiter erwies sich von jeher die Mannigfaltigkeit des Baues bei den Placentalia, wo zunächst Unguiculata und Ungulata mindestens in der Gegenwart sich nach Körperbau, und besonders auch nach Gebiss als zwei Gruppen mit weit auseinander stehenden Endformen herausstellten, wenn auch immer einige Typen übrig blieben, über welche das Urtheil schwankend bleiben konnte. Zunächst war dies zwar nur ein Beleg der Schwäche, welche ja jeder auf einzelne Merkmale gegründeten Classification nothwendig anhängt. Dennoch konnte sich kaum ein Zoologe, wenn auch nur stillschweigend dem von der Cuvier'schen Schule geforderten Zugeständniss entziehen, dass wohl die Mehrzahl der Erscheinungen unter den Placentalia untereinander in engerem Verhältniss stehen müssten, als zu den Implacentalia.

Die Zuthaten der Paläontologie konnten zwar auch in Europa nicht verfehlen, die von Cuvier in den Vordergrund gestellten Anhaltspunkte für Thiergruppirung für manche fossile Gestalten als unzureichend hinzustellen. Namentlich galt diess für die Hufthiere, deren Erscheinung sich ja für frühere Epochen immer reicher und reicher herausstellte. Dies veranlasste zunächst Owen, das Hauptgewicht ihrer Classification auf die früher nur als untergeordnet angesehene sogenannte Paarig- oder Unpaarfingrigkeit zu legen, oder vielmehr, der Mechanik der Bewegung ein weit grösseres Gewicht beizulegen als es durch Cuvier geschehen war. Ein Gesichtspunkt, der in neuerer Zeit durch Marsh eine vortreffliche Bezeichnung durch die Unterscheidung von Ungulata paraxonia und mesaxonia erhalten hat. Und eine nicht geringe Bestätigung lag für diese Unterscheidung darin, dass die von Cuvier so hoch taxirte Correlation der Organe durch diesen Gesichtspunkt nicht nur keinen Einbruch erlitt, sondern sogar manchen früher nur undeutlich zu systematischem Ausdruck gelangten Beziehungen, wie etwa diejenigen zwischen Schweinen und Wiederkäuern, zu richtigerer Geltung verhalf.

Durch Kowalewsky wurde dann unter Einfluss der Darwin'schen Selectionstheorie der Bewegungsmechanik ein erneutes Interesse abgewonnen. Er wies auf Modificationspläne derselben innerhalb beider genannten Gruppen von Hufthieren

---

of fossil Mammalia 1885—87 und vor allem Anscheine nach gutentheils davon geleiteten Zusammenstellung von O. Roger (Verzeichniss der bisher bekannten fossilen Säugethiere 1887), werden offenbar und vor allem wohl mit Rücksicht auf die Beutelthiere noch eingreifende Veränderungen bevorstehen.

hin, welche erlaubten, ganze Reihen derselben als Glieder einer durch lange geologische Zeitfolgen fortgeführten Entwicklung zu betrachten, wovon die einen sich als mehr, die andern als weniger lebensfähig erwiesen zu haben schienen. Damit wurde also die Bewegungsform in causale Beziehung gebracht zu den äussern Lebensverhältnissen, und der Grad der «Anpassung» der ersteren an letztere als Maassstab für die Dauerhaftigkeit jedes einzelnen Stadiums der Entwicklungsreihe hingestellt. Scheinbar im Sinne Darwin's wurde also die Veränderung der Lebenssphäre als das primum agens in dem allmäligen Umbau der Thierwelt anerkannt. Thierische Organisation erschien so zwar als modificirbar, aber doch nur in so weit dauerhaft, als sie sich mit den jeweiligen äusseren Verhältnissen verträglich erwiese. In Wahrheit lag also darin doch die Voraussetzung einer den Organismen inwohnenden Modificationsfähigkeit, deren Träger scheiterten, sobald diese Elasticität nicht Schritt hielt mit der von ganz anderen Gesetzen reglirten Veränderung des Wohnbezirkes. Ein organisches Gesetz stand also in Wechselwirkung, aber auch mehr oder weniger in Streit mit einem unorganischen, und die natürliche Auslese bevorzugte alle Formen, die sich elastisch genug erwiesen, um sich neuen Verhältnissen anzupassen.

Gleichzeitig trat in den Kowalewsky'schen Arbeiten zuerst ein Zweifel auf an der von Cuvier so scharf betonten und auch noch von Owen festgehaltenen Correlation der Organe, wenigstens in so weit, als Kowalewsky in dem Umbau des Bewegungsapparates ein schärferes Merkmal der Anpassung zu erblicken glaubt als in dem Umbau des Gebisses.

Unverkennbar war die letztere Controverse lediglich ein Ausdruck der Unzulänglichkeit paläontologischer Documente. Und was das Erstere anbetrifft, so wird wohl auf alle Zeiten auf eine bis in den Detail gehende Sichtbarmachung einer Congruenz zwischen den Gesetzen, die das Lebende regieren, mit denjenigen, welche in der Welt des Unorganischen walten, verzichtet werden müssen. Die Continuität der ersteren wird sich unserem Auge stets unsäglich leichter aufdecken als diejenige der letzteren.

Die massenhaften Entdeckungen in America schienen fast alle in Europa aufgestellten Fesseln von Systematik zu sprengen. Obwohl sich für alle Stufen der Tertiärzeit mancherlei Parallelen und sogar nahe Uebereinstimmungen zwischen americanischer und altweltlicher Fauna herausstellten, so fanden sich doch ganze Gruppen wie die Taeniodonten, Tillodonten, Dinocerata u. s. f., die der Neuen Welt ausschliesslich anzugehören schienen. Ueberdies trat das Bedürfniss für allerlei neue Categorien niedrigeren und höheren Ranges auf, um die Stufen der Neubildung, sei es im Fussbau, sei es im Zahnbau der neu an den Tag getretenen Schaaren von Fossilien zum Ausdruck zu bringen.

So sehr sich bei Aufgaben der Art, wie sie den americanischen Paläontologen vorlagen, die Bequemlichkeit provisorischer Collectivbegriffe aufdrängt, so darf dabei doch wohl die Frage aufgestellt werden, ob dieselben alle so unentbehrlich waren, und ob es berechtigt war, diese neuen Categorien den in Europa nach langem Tasten und Sichten gewonnenen gleichwerthig zu stellen. Für manche derselben, und zwar nicht nur für solche von engem Umfang, wie etwa Taeniodontia, Mesodontia, Tillodontia, sondern auch für manche weitere Begriffe, wie Creodontia, Bunotheria u. dgl. kann dies mindestens noch bezweifelt werden.

Dringendere Bedürfnisse lagen dem Anscheine nach den Anschauungen zu Grunde, nach welchen in America die Hufthiere in neue Gruppen gebracht wurden. Dieselben sollten den Etappen entsprechen, nach welchen sich bei Hufthieren zunächst Hand- und Fussgelenk im Dienst der verschiedenen Lebensweise umgestaltet. Von Taxeopodie bis zur Diplarthrie schien eine Reihe von Bewegungsarten vorzuliegen, von welchen die elementarsten sich mit Plantigradie und Pentadactylie mit nahezu gleichwerthigen Bausteinen des Fussskeletes begnügten, bis zu solchen, wo mit der Aufrichtung der Fussfläche und der Verminderung der Stützfinger die Gelenkung von Hand und Fuss in sehr ungleichwerthiger Weise auf die verschiedenen Knochen vertheilt wird. Die Reihenfolge führte also von mehr oder weniger weit durchgeführter Gleichwerthigkeit eines von vorherein gegebenen Baumateriales zu immer differenterer Verwendung und Auswahl desselben.

Es war dies die weitere Durchführung der Anschauung Kowalewsky's; nur dass an die Stelle der von Letzterem etwas unglücklich gewählten Begriffe von Adaptation und Inadaptation der Fusswurzelknochen bei Reduction der Fingerzahl ein weiterer Gesichtspunkt trat, die Schätzung der mechanischen Consequenzen der Stützung der Körperlast auf immer knappere Stellen. Populär ausgedrückt führte also die Reihe von schwerfälligen, plumpen Thieren zu hochbeinigen und beweglichen, und es diente dieser Anschauung nicht wenig zur Empfehlung, dass, wie schon Kowalewsky angedeutet hatte, die schwerfälligen in der Vergangenheit um so zahlreichere Ruinen und in der Gegenwart um so spärlichere Vertreter aufwiesen, je primitiveren Stadien der Reihe sie entsprachen.

Dass mit diesem, wenn auch nicht gerade neuen, so doch mehr oder weniger neu in die Paläontologie eingeführten und man möchte fast sagen malerischen Gesichtspunkt die gleichzeitigen Modificationen von Gebiss in Hintergrund traten, war natürlich. Ein grösserer und mindestens höchst erheblicher Uebelstand lag darin, dass eben Hand- und Fusswurzelknochen fossiler Thiere doch nur in seltenen Fällen dem Paläontologen zur Verfügung stehen; und noch mehr darin, dass doch vereinzelte Stücke dieser Knochen-Mosaik ihrer indifferenteren Gestalt halber unsäglich weniger über das Ganze des Thieres aussagen, als einzelne Particeen des Gebisses. Unter den an unorganischen Substanzen reichen, oder also fossilisirbaren Körpertheilen wird also letzteres doch immer als dasjenige erscheinen, auf dessen besondere Zurüstung die Natur bei Landthieren mehr Phantasie und Sorgfalt verwendet hat als auf irgend einen andern Körpertheil.

Man mag fragen, ob es einem europäischen Paläontologen zustehe, über die auf diese Anschauungen gegründeten Arbeiten der Americaner zu urtheilen, bevor er deren Materialien aus eigener Anschauung kennen gelernt habe. Allein die Einwirkungen der grossartigen Entdeckungen in der Neuen Welt auf den europäischen Arbeiter sind so mächtig, dass er sich einer derartigen Prüfung nicht entziehen kann. Und der ausserordentliche Vorrath von bildlichen Darstellungen, welche uns in so zahlreichen und glänzenden Kupferwerken mitgetheilt sind, sollte dazu auch berechtigen dürfen.

Am einlässlichsten hat sich über allgemeine Principien für die Classification der americanischen fossilen Säugethiere, wofür ja die Europäer nicht etwa gleichgültig bleiben können, E. Cope ausgesprochen in seinem mächtigen Werke über die tertiären Formationen des Westens (1884).

Bezüglich der Ungulata, wovon hier zunächst ausschliesslich die Rede sein soll. mögen die weittragendsten Gesichtspunkte wohl in den folgenden Punkten liegen:

Einmal in der Verbindung, welche Cope zwischen Unguiculata (Bunotheria, in specie Mesodonta) und Ungulata hergestellt sieht durch die «Taxeopoda condylarthra» pag. 381, 382.

Ferner in den scharfen Grenzen, die er trotz der Annahme eines gegenseitigen Descendenzverhältnisses den verschiedenen Plänen von Fussbau zuschreibt, welche als Taxeopodie, Amblypodie, Diplarthrie bezeichnet werden. Pag. 374 u. f. Eine Abschwächung dieser Grenzmarken lag freilich schon in der Aufstellung des Mittelgliedes der Amblypoda, bei welchen der Carpus nach dem Plan der Taxeopoda, der Tarsus nach demjenigen von Diplarthra gebaut sein sollte. Pag. 374 u. f., 507 u. f. Noch theoretischer klingt die Postulirung von fernern, einstweilen hypothetischen Bindegliedern, wie Platyarthra und — bezüglich des Gebisses — Hyodonta. Pag. 381, 382.

Endlich in der Annahme, dass gewisse Bewegungsformen, wie z. B. Condylarthrie und theilweise auch Amblypodie in der Alten Welt überhaupt nicht zur Verwirklichung gekommen sein sollten.

Versuchen wir, und zwar lediglich an europäischen und sogar nur an noch lebenden Hufthieren die Festigkeit dieser Categorien *) zu prüfen, so mag vorerst die Frage über die Verbindung zwischen Ungulata und Unguiculata ausser Betracht bleiben. Höchstens mag erinnert werden, dass es ja auch in Europa niemals an Hinweisen auf solche Verbindungsglieder fehlte, wenn auch die Verbindungslinien oft in sehr verschiedenen und partiellen Gebieten der Organisation gesucht wurden.

Auch bei Absehen von der ja allerdings aus allerlei Gründen naheliegenden Hypothese, dass sowohl dem unguiculaten als dem ungulaten Fuss eine aus zahlreichen und mehr oder weniger indifferenten Elementen aufgebaute Stammform zu Grunde liege, die sich allmählig zur Digiti- und Unguligradie erhoben hätte, wird von vergleichend-anatomischer Seite zuzugeben sein, dass Plantigradie und Polydactylie eine elementarere und indifferentere Bewegungsform darstellen als Digitigradie und Wenigfingrigkeit irgendwelchen Grades. In der Gegenwart ist demnach wohl unter Hufthieren die indifferenteste Bewegungsart einmal, was Viel- und Gleichfingrigkeit anbetrifft, durch den Elephant, andererseits, in Rücksicht auf grosse Ausdehnung der Fusssohle, durch den Klippdachs vertreten, also durch zwei Thiere, bei welchen von vornherein Körpergrösse und manche noch viel weiter tragende Organisationsverschiedenheiten ausserordentlich weit auseinanderliegende Extreme von Bewegungsbedingungen zu Stande bringen.

Aber schon bei diesen anscheinend primitiven Bewegungsanlagen schafft die so sehr verschiedene Function von Vorder- und Hinterfuss Verschiedenheiten in deren Bau, welche von vornherein die von Cope auf den Fussbau gegründeten Categorien nur auf das eine oder das andere Extremitätenpaar anwenden lassen. In Folge seiner vorwiegenden Bedeutung als Propulsionsorgan folgt der Hinterfuss bei terrestrischen Thieren unter allen Umständen, und also auch bei Hufthieren oder bei schein-

---

*) Das Gerüst für die Classification der Hufthiere gestaltet sich bei Cope, Pag. 167, 378, 382, 600, also:

I. Taxeopoda.	Hyracoidea.
	Condylarthra.
	Platyarthra?
	Toxodontia?
II. Proboscidea.	
III. Amblypoda.	Pantodonta.
	Dinocerata.
	Taligrada.
IV. Diplarthra.	Perissodactyla.
	Artiodactyla.

baren Isopoden einem andern Bau als der weit mehr auf blosse Stützfunctionen angewiesene Vorderfuss. Sein Skelet ist also selbst bei Hufthieren durchgehend schmäler angelegt und mehr zur steilen Aufstellung geneigt als dasjenige des breitern und plattern Vorderfusses.

Ebenso herrscht bei allen terrestrischen Thieren im Hinterfuss die Tendenz, die Gelenkung zwischen Unterschenkel und Fuss von mehreren Knochen auf wenige einzuschränken, was zu allerlei Verwachsungen und Verschiebungen führt, die am Vorderfuss fehlen und die Zahl der beweglichen Stellen im Vergleich zu dem letztern vermindert. Allerdings wird dabei nichts weggeworfen. Von der plumpsten bis zu der beweglichsten Form, von dem fünffingrigen Elephant bis zu dem scheinbar einfingrigen Pferd wird ja die tarsale Knochen-Mosaik nicht um einen einzigen Baustein vermindert, sondern lediglich Schritt für Schritt derart verschoben und nach rückwärts aufgerollt, dass sie einen nach hinten so viel als geschlossenen Kreis bildet, der also dem Propulsionsorgan eine grössere Tiefe verleiht, während im Carpus die entsprechende Knochenreihe in die Quere gestreckt bleibt, und selbst am erwachsenen Pferd das Parallelstück zu dem am Tarsus wegfallenden Tragknöchelchen, das Trapezium, hie und da noch selbstständig bleibt.

Gleichzeitig eilt die Verminderung der Fingerzahl am Hinterfuss derjenigen am Vorderfuss jeweilen voraus; aber der Verlust an Breite der Befestigungsfläche wird eben ausgeglichen durch den Gewinn an Tiefe.

Dem entsprechend stützen sich denn auch die Begriffe von Taxeopodie, Amblypodie, Diplarthrie vorwiegend doch nur auf den Bau des weniger einförmig angelegten Vorderfusses, indem ihnen keine gleichwerthigen Merkmale für den Hinterfuss an die Seite gestellt werden konnten. Sie verlieren in sofern doch schon von vornherein erheblich an Werth für Bildung grosser Thier-Categorien. Dass die Begriffe von Perissodactylie und Artiodactylie an ähnlichen Uebeln leiden, bildet keinen Einwand, da hier nur das Wort etwas unpassend gewählt war und übrigens bereits nach dem vortrefflichen Vorschlag von Marsh, der die Fingerzahl ausser Betracht lässt, durch die Bezeichnung von Mesaxonie und Paraxonie ersetzt worden ist.

Durchgehen wir nach diesem Vorbehalt die noch lebenden Hufthiere in Bezug auf die Mechanik der Fussgelenke, so kann kein Zweifel darüber bestehen, dass unter den Mesaxoniern, deren Besprechung für unsern Zweck ausreicht, der **Elephant** uns das indifferenteste und in sofern scheinbar das primitivste Bewegungswerkzeug für solche Thiere vor Augen führt. Nämlich Pentadactylie an Vorder- und Hinterfuss, ferner den höchsten Grad von uns bekannter Isodactylie, Brachydactylie, ja sogar von Syndactylie, d. h. Einschliessung der Finger in einen gemeinsamen Handschuh, mindestens in stärkerem Maasse als bei irgend einem andern heutigen Imparidigitaten, und endlich, bei Absehen von Hyrax, wohl den stärksten Grad von imparidigitater Plantigradie. Demzufolge stossen wir bei ihm auf die grösste Gleichförmigkeit und Indifferenz der Gestalt sämmtlicher Knochen-Elemente des Fusses und auf den höchsten Grad von serialer oder digitaler Anordnung der Fusswurzelknochen. Immerhin mit dem für terrestrische Säugethiere so viel uns bekannt überhaupt gültigen Vorbehalt, dass auch hier das Uncinatum carpi und das Cuboideum tarsi je zwei Finger tragen.

Was freilich Plantigradie anbetrifft, so ist sie grösstentheils nur scheinbar. Bei dem Skeletiren von Elephantenfüssen zeigt sich, dass das Metapodium keineswegs die Erde berührt, sondern schief gestellt ist, weniger steil am Vorderfuss, steiler am Hinterfuss, und dass die Stützfläche für das Körpergewicht wesentlich durch die erste und zweite Fingerphalanx gebildet wird. Die rudimentäre Nagelphalanx kömmt dabei kaum in Betracht oder erscheint sogar an frisch skeletirten Füssen eher aufgerichtet wie etwa bei Unguiculaten. Grosse Massen von Fett und schmiger Substanz bilden freilich unter dem Metapodium ein Polster, das dem Fuss scheinbare Plantigradie verleiht; in Wahrheit aber stehen doch sowohl Metacarpus als Metatarsus sehr steil.

Die Gleichwerthigkeit der Bausteine drückt sich dabei von vornherein am Vorderfuss stärker aus als am Hinterfuss. Der Carpus ist sehr breit, die digitale Anordnung seiner Elemente scharf ausgesprochen. Diese Anordnung wird auch nicht gestört durch die Anwesenheit eines Centrale, das mindestens in vielen Fällen einen völlig selbstständigen Knochen bildet, der zwischen Naviculare und Trapezoideum eingeschaltet ist, genau wie bei Hyrax oder auch etwa bei manchen Unguiculaten. *)

Die Metacarpalia sind breit und kurz, aber doch so angeordnet, dass sie bereits, mindestens Metac. II und III, eine Befestigung an mehr als den ihnen zunächst

---

*) Die Anwesenheit dieses Knochens bei dem Elephant scheint durch die gesammte Litteratur bis auf die neuesten Abbildungen bei Marsh und Cope übersehen worden zu sein. Es ist dieses Stück auf hiesiger Anatomie mindestens an jüngeren Skeleten sowohl bei dem afrikanischen als bei dem indischen Elephanten von dem Assistenten Herrn Dr. Leuthardt nachgewiesen worden. Bei einem Afrikaner z. B. noch an einem Thier von beträchtlicher Grösse, an welchem bereits der sechste Backenzahn in voller Thätigkeit steht. Bei diesem Anlass ist die Bemerkung vielleicht nicht überflüssig, wie bedenklich es ist, sich für solche Verhältnisse auf Kupferwerke, oder oft selbst auf Museumspräparate zu berufen, die nicht unter sorgfältigster eigener Controlle angefertigt worden sind. In den berühmtesten Kupferwerken lassen sich Fehler nachweisen, die entweder dem Zeichner, häufiger wohl den benützten Originalen zur Last fallen. Zuverlässigkeit liefert in solchen Dingen nur frische Präparation. Warnung genug, auf solcher delikater und verschiebbarer Mosaik nicht zu schwere Gebäude von zoologischer und paläontologischer Classification aufzubauen.

zugehörigen Carpalstücken finden. An ihren distalen Gelenkköpfen, welche noch aller Befestigungs- oder Leitungsleisten für die Fingerphalangen ermangeln, lässt schon das weite Hinaufragen der Ueberknorpelung auf die Vorderfläche erkennen, dass die stärkste Knickung in diesem Gelenk, und also die Körperlast wesentlich auf den ersten Phalangen liegt.

Trotz seines mächtigen Volums ist der Tarsus schon weit weniger indifferent angelegt als der Carpus, und die digitale Anordnung seiner Theile durch Verschiebungen weit mehr verwischt. Der Astragalus ruht auf Naviculare und Cuboideum und hat also zwei distale Gelenkflächen. Das Naviculare ist sehr breit und articulirt mit sämmtlichen Knochen der zweiten Tarsalreihe. Ob Diplarthrie des Astragalus (richtiger Triplarthrie, da doch der Calcaneus mit in Betracht kommt) ein primitives Verhältniss darstelle, wie Cope annimmt, ist also sehr fraglich. Wie an der Hand ruht auch am Fuss die Körperlast vornehmlich auf Phalanx I.

Bei Hyrax, dem einzigen noch lebenden Vertreter der Taxeopoda nach Cope's Anschauung (Pag. 378), die freilich in der nämlichen Publication dann abgeändert wird (Pag. 382), scheint, nach der Haarlosigkeit der Fusssohle in ihrer ganzen Ausdehnung zu schliessen, trotz des Schwindens des Innenfingers (vollständiges Schwinden am Fuss, starke Reduction an der Hand) und auch des Aussenfingers am Fuss*), Plantigradie in stärkerem Maasse zu bestehen als bei dem Elephant. Dabei ist indess nicht zu vergessen, dass Hyrax ein kleines Thier und   wenn auch nicht auf Bäumen, so doch ein gewandter Kletterer ist, wo also dem Fuss eine viel mannigfaltigere Function zukommt als bei dem pachypoden Elephant. Aus dem Umstand, dass sich hier an den untern Gelenkköpfen des Metapodiums Leitkiele für die Phalangen einzustellen beginnen, wird aber zu schliessen sein, dass die Metapodien sogar zu steilerer Aufstellung fähig sind als bei dem Elephant. Der Carpus, an welchem das Centrale, das genau gleich gelagert ist wie bei dem Elephant, wohl bekannt ist, ist vollständig gleich gebaut wie bei letzterem, mit streng serialer Anordnung seiner Theile; nur sind wiederum das zweite und dritte Stück so verschoben, dass sie nebst ihrer normalen Gelenkung noch einen kleinen Haltpunkt an den zunächst nach aussen liegenden Carpalstücken finden.

Im Tarsus sind Naviculare und Cuboideum weniger ausgedehnt als bei dem Elephant. Das Naviculare ist also nicht wie bei letzterem über das Cuboideum hingeschoben und stösst mit demselben nur an seinem äussern Rand zusammen, wie bei

---

*) Bei Hyrax sylvestris, vielleicht auch bei andern Arten ist bei sorgfältiger Präparation noch ein unzweideutiges Rudiment des fünften Fingers am Hinterfuss blosszulegen.

sogenannten Condylarthra und Diplarthra. Mit dem Calcaneus steht es kaum in Berührung. Der Astragalus stützt sich ausschliesslich auf das Naviculare und stösst nicht an das Cuboideum.

Von den Metacarpalia stützt sich das innerste (II.) gleichzeitig auf seinen eigenen Tragknochen, Mesocuneiforme, und auf denjenigen von Metacarpale III, das Ectocuneiforme.

Alles das, die Verschmälerung im Ganzen wie im Einzelnen lässt den Fuss von Hyrax doch als ein weniger primitiv angelegtes Gebilde erscheinen als denjenigen des Elephanten. Er ist auch weniger serial gebaut als der fünffingrige Fuss des sogenannt condylarthren Phenacodus und steht auf gleicher Stufe mit demjenigen des Nashorns.

Für den Tarsus wäre also in die Reihenfolge zwischen Elephant und Hyrax mindestens die amblypode Gruppe der Coryphodonten und Dinocerata einzuschalten. wenn man die ausserordentliche Abplattung des Astragalus bei diesen plumpen Fünffingerern, die so weit geht, dass derselbe, — was sonst bei keinem Hufthier eintrifft, — sogar das ganze Cuboideum überdacht, nicht eher als eine divergente Modification des Elephantenfusses ansehen will. Auch bei Amblypoden lassen sich also Hand- und Fusswurzel durchaus nicht unter eine gemeinsame dem Fussbau entnommene Bezeichnung beugen. Im Vorderfuss sind diese Thiere im Allgemeinen elephantenfüssig *), im Hinterfuss viel plattfüssiger als der Elephant.

Wenn wir hier nur kurz auch der von Cope aufgestellten Categorie der Condylarthra, und zwar an deren am vollständigsten bekannten Vertreter, an Phenacodus gedenken, so ist bei diesem Thier trotz dessen Fünffingrigkeit in Hand und Fuss Carpus und Tarsus etwas weniger in die Quere gedehnt als bei dem vier- und dreifingrigen Hyrax. Es wird dies wohl in Beziehung zu dem Umstand stehen, dass bei Phenacodus das Metapodium gestreckter ist, und wahrscheinlich bei dem lebenden Thier, das den Hyrax an Grösse beträchtlich übertraf und wohl ganz anderer Lebensweise folgte, steiler gestellt war als bei Hyrax. Damit erhielten auch die Bausteine von Carpus und Tarsus eine etwas strenger seriale Anordnung, da sie trotz geringer Breite fünf Finger zu tragen hatten. Nichtsdestoweniger lässt sich, wie mir scheint, kein einziger Grund auffinden, Hyrax, wie dies durch Cope geschieht, auf Boden des

---

*) Mit dem von Marsh ganz richtig gemachten Vorbehalt, dass die Carpalknochen etwas mehr alterniren, also etwas weniger serial angeordnet sind als bei dem Elephant. Dass Uncinatum und Lunatum sich bei Amblypoda die Hand reichen, kann nicht als etwas Besonderes gelten, da dies mehr oder weniger schon bei dem Elephant eintritt.

Fussbaues von den Condylarthra abzutrennen. Selbst die ohnehin so lockere Verbindung von Fibula und Tarsus lässt zwischen Hyrax und Phenacodus keinen Unterschied wahrnehmen, und selbst ein Trochanter tertius fehlt ja sogar bei dem so niedrigfüssigen Hyrax keineswegs.

In Bezug auf den Bau der Fusswurzeln würden demnach trotz der Verschiedenheit in der Gesammterscheinung sowohl Hyrax als Phenacodus für den Vorderfuss wohl richtiger in eine und dieselbe Categorie mit dem Elephant, für den Hinterfuss in eine solche mit dem Nashorn und Tapir zu stellen sein, als zum Vorbild für besondere Bewegungsformen gewählt zu werden.

Bei dem **Tapir,** dessen heutige geographische Vertheilung auf den Ostrand der alten und den Westrand der neuen Welt auf ein überaus grosses einstiges Wohngebiet schliessen lässt, ist offenbar trotz äusserer Aehnlichkeit seines Fussbaues mit demjenigen des Hyrax die Anlage zur Monodactylie schon viel vernehmlicher angemeldet, indem sowohl an der vierfingrigen Hand als an dem dreifingrigen Fuss der dritte Finger an Grösse und Stämmigkeit alle übrigen weit mehr übertrifft als bei Hyrax, bei Phenacodus und bei der Mehrzahl der Nashorn-Arten. Damit stimmt zusammen die Schlankheit des Carpus, der viel länger ist als breit, dafür aber tief und in seinen Elementen so verkeilt, dass nicht nur Uncinatum und Lunatum, sondern nahezu sogar Uncinatum und Naviculare sich berühren, und also Magnum und Lunatum, die doch einer und derselben digitalen Reihe angehören, von einander fast getrennt werden. Das Nämliche findet sogar bei dem breiteren und kürzeren Fuss des Nashornes, und unter fossilen Thieren bei einigen Palaeotherien statt. Das von Cope den Diplarthra zugeschriebene carpale Merkmal findet also auf diese Thiere, obwohl sie mit zu den Diplarthra gezählt werden, kaum Anwendung. Nach den von Cope aufgestellten Classificationsprincipien müssten diese beiden Genera mit eben so viel Recht wie Hyrax als Typus einer besonderen Familie gelten, was freilich in anderer Rücksicht auf grosse Schwierigkeiten stossen würde.

Im Hinterfuss erreicht allerdings das Cuboideum des Tapirs den Astragalus etwas ergiebiger als bei Hyrax; aber bei nur einigem Ueberblick ergiebt sich, dass auch diese Grenze von Diplarthrie eine ausserordentlich schwankende ist und ohne allen Zweifel sogar in den Bereich von individuellen und von Altersverschiedenheiten fallen kann. So bilden z. B. Hyrachyus, Triplopus und Hyracotherium venticolum eine Reihe von kleinen Varianten in der Ausdehnung tarsaler Gelenkfugen, in welche nicht nur Tapir und Nashorn, sondern auch Hyrax und Phenacodus mit hineinfallen. Rhinoceros repräsentirt darin, da es, obwohl nach Species in verschiedenem Grade, am meisten isodactyl ist, in analog verschiedenem Grade die breitesten und plattesten

Formen des Tarsus, Triplopus die schmalste und am meisten nach rückwärts aufgerollte, wo also auch Naviculare und Calcaneus sich am ergiebigsten begegnen. Im gleichen Sinne müsste auch in Bezug auf das Verhalten des Cuboideum zum Astragalus, Palaeotherium crassum den Diplarthra eingereiht, Palaeotherium minus dagegen davon ausgeschlossen werden.

Die Verbindung zwischen Metapodium und Carpus verhält sich bei dem Tapir und Nashorn absolut gleich wie bei Hyrax und Phenacodus. Höchstens ist etwa zu bemerken, dass bei dem Nashorn, wo der erste Finger und Trapezium ganz, der fünfte Finger fast ganz geschwunden ist, trotz des geringen Ueberwiegens des Mittelfingers über seine Nachbarn Metacarpus III sich ergiebiger an das Uncinatum anlegt als bei den vier- und fünffingrigen Thieren.

An der Verbindung zwischen Metapodium und Tarsus beginnt sich das starke Ueberwiegen des Mittelfingers und wohl gleichzeitig auch die Streckung des Metapodiums dadurch geltend zu machen, dass der dritte Metatarsalknochen einen accessorischen Haltpunkt am Cuboideum sucht. Bei dem nahezu isotridactylen Nashorn ist diese Verbindung noch kaum angedeutet; bei Hyrachhyus, Triplopus und Phenacodus ist das Verhalten der Metatarsalknochen zum Tarsus noch streng serial; bei dem hochfüssigen und ebenfalls zur Monodactylie hinneigenden Hyracotherium venticolum ist die Berührung zwischen Metatarsus III und Cuboideum weit ergiebiger als bei dem Tapir, obwohl hier Diplarthrie des Astragalus, d. h. Verbindung desselben mit dem Cuboideum nicht in stärkerem Maasse besteht als bei Hyrax und Phenacodus, welche Cope von den Diplarthra ausschliesst.

Hieraus erhellt doch wohl wiederum, dass die Ausdehnung der gegenseitigen Gelenkflächen in Carpus und Tarsus von zu mannigfaltigen Factoren im Gesammtbau des Fusses abhängt und wohl auch nach Körpergrösse, ja selbst nach Altersstadien zu vielen Modificationen unterliegt, um bis zu dem Détail, wie es von Cope versucht wurde, als Grundlage einer zoologischen Classification verwendet zu werden.

Mit dem Tapir (und noch mehr mit Hyracotherium venticolum) sind wir schon so sehr in die Nähe der modernen säulenfüssigen Ueberreste der Perissodactyla gelangt, dass es kaum nöthig erscheinen sollte, diese so überaus genau untersuchte Hufthiergruppe hier nochmals in Betracht zu ziehen. Immerhin mag es zur Vervollständigung unserer Darstellung dienen, noch einige dazu gehörende Gesichtspunkte, welche sich an diesen Thieren ergaben, zu berühren.

Mit Palaeotherium beginnt nach den bisherigen Anschauungen in Europa an tridactyl gewordenen Thieren das Uebergewicht des dritten Fingers an Länge, Stärke und Tiefe über die Seitenfinger so ansehnlich zu werden, dass das Os magnum an

Breite und Tiefe die übrigen Carpalknochen überragt und seine Nachbarn, Uncinatum und Trapezoideum seitwärts und rückwärts schiebt. Mit der Streckung der Metapodien und entsprechender Verkürzung der Fusswurzel führt diese Reihe dann bekanntlich durch Anchitherium und Hipparion bis zu dem scheinbar monodactylen Gipfelpunkt, dem **Pferd**, wo die Körperlast auf steil aufgestellten Säulen ruht, wo die Seitenfinger ihre Phalangen verlieren, im Metapodialtheil mit dem Hauptfinger verwachsen und nur noch als Stützpunkte für die carpalen und tarsalen Tragstücke der Seitenfinger dienen. Käme es nicht zur Verbindung der Griffelbeine mit dem Hauptknochen, so würden also Uncinatum und Trapezoideum gewissermassen in der Luft schweben. Und in der Regel bleibt ja bei dem Pferd diese Verbindung sogar nur eine ligamentose und gelangt nur ausnahmsweise zur Synostose. Es wird dies wohl am nachdrücklichsten den Missgriff, der in Kowalewsky's Einführung der Begriffe von adaptativer und inadaptativer Reduction des Fusses als Maassstab für die geologische Dauerhaftigkeit der Geschöpfe lag, an den Tag legen. In Wahrheit trägt ja das Pferd, der jüngste Ueberrest einer ungewöhnlich stattlichen Ahnenreihe, Inadaptation von Reduction der Fusswurzel an diejenige von Metapodium im allerstärksten Maasse an sich. *)

Am Tarsus des Pferdes ist alle Beweglichkeit auf wenige Stellen beschränkt. Der Astragalus, breit und kurz, legt sich in grosser Ausdehnung an den Calcaneus und an das Cuboideum. Dieses selbst, dessen Gelenkflächen nach Individuum sehr verschieden ausfallen, ist nach hinten gerückt, wie die beiden innern Cuneiformia, und dient nur noch zum Halt für das äussere Griffelbein.

---

*) Kowalewsky hat zwar bekanntlich (Anthracotherium pag. 196) den Imparidigitata in toto den Vorwurf von Adaptations-Unfähigkeit erspart, und gewiss mit vollstem Recht. Aus seiner Beweisführung aber, in welcher Satz für Satz anfechtbar ist, geht ein Grund für dieses Verfahren keineswegs hervor, und eben liefert das Pferd gerade die besten Beweise gegen dasselbe, sowie gegen die Anschauung, dass Beibehaltung der primitiven Structur von Fusswurzel trotz Reductionen im Metapodium das Aussterben so beschaffener Thiere veranlasst hätte. Wenn bei sogenannt inadaptativen Bunodonten oder Selenodonten seitliche Theile der Fusswurzeln wegfielen, statt wie etwa bei Pferden und Hirschen zur Verstärkung der zur Herrschaft gelangten Finger verwendet zu bleiben, so beweist dies nur, dass zu ihrem Bedarf ein geringerer Aufwand von Baumaterial ausreichte. Wer sagt uns aber, ob nicht die noch nicht so weit gekommenen heutigen Thiere diesem Ziel auch noch zustreben? Um consequent zu sein, müsste man ja überhaupt einem Rind, einem Hirsch, einem Pferd den Vorwurf machen, dass sie in ihren Vorderfussen, wo so oft „unnütz" gewordene carpale oder metapodiale Theile hängen bleiben, während am Hinterfuss dieselben Theile durch synostotische Einverleibung in die permanirenden Elemente bis zum allerletzten Dienst ausgebeutet werden, weniger adaptativ zu Werke gingen als im Hinterfuss. Und welcher Grad von Inadaptation herrscht gar bei allen unsern noch lebenden Wiederkäuern zwischen den beiden Carpalreihen!

Dass mit der Verlängerung des Metapodiums der Tarsus niedriger wird, aber dafür an Tiefe gewinnt, indem die Tarsalreihe, statt sich in die Quere zu dehnen, sich nach hinten zum Kreis schliesst, und auch an dem distalen Gelenkkopf der Metapodien die Sicherheitsleiste zur Befestigung der Phalangen zu der stärksten Entwicklung kommt, ist schon bemerkt worden. Und bis in die letzten Endglieder machen sich an dem auf solche Knappheit reducirten Apparate noch die Prädicate des Organisationsplans geltend, dem er angehört. Trägt doch, wie dem Hufschmied wohl bekannt ist, selbst noch die Endphalanx in ihrer am Vorder- und Hinterfuss so verschiedenen Gestalt das Abzeichen der verschiedenen Function von hinterer und vorderer Extremität deutlich genug zur Schau. Und verräth sich die Mesaxonie des Pferdes trotz seiner Einfingrigkeit noch in der Gestalt der Phalangen, wo mindestens Palanx 1 nicht etwa symmetrisch ist; die innere Hälfte derselben ist stärker als die äussere, wie denn auch von den Seitenfingern der innere häufiger beibehalten wird als der äussere.

Für die Imparidigitatenreihe wird für unsern Zweck, da das Pferd eine Schlussform darstellt, die fast nur noch im Carpus noch weitere Regresse erwarten lässt, die unseres Wissens noch nicht realisirt wären, dieser Ueberblick über den Bauplan von Hand und Fuss ausreichen. Es geht daraus doch wohl hervor, dass die Bewegung des Hufthieres, und wohl um so mehr, je weiter ihm die Grenzen von Körpergrösse gesteckt sind, an enge und sehr bestimmte Bedingungen von Mechanik gebunden ist, die vor allem im Hinterfuss nur sehr geringe Schwankungen gestatten. Am ehesten sind solche noch möglich bei Plantigradie, welche ihrerseits grosse Ausdehnung der Stützfläche, also Polydactylie fordert, soweit solche den Säugethieren gegeben ist. Mit der Aufstellung des Fusses werden die mechanischen Erfordernisse sofort so begrenzt, dass, da dies Verminderung der Fingerzahl erheischt, nur noch gegenseitige Verkeilung der Bausteine des Podium und zwischen Podium und Metapodium den nöthigen Ausgleich an Befestigung bietet. In dem breiter und mehrfingriger angelegten Carpus findet diese Verkeilung einen etwas grösseren Spielraum als im Tarsus. An beiden Stellen sind aber diese Verschiebungen so leise, dass sie unter allen Umständen erst mit dem erwachsenen Alter Gelenkflächen von so scharfer Begrenzung schaffen, dass sie als Ausdruck für Thier-Organisation im Grossen benützt werden dürften. Ganz abgesehen von der so selten zugänglichen Verwendbarkeit an fossilen Thieren muss es also doch als verfehlt erscheinen, auf diese Verhältnisse ein zu complicirtes Gebäude von Systematik aufzubauen. Dass an dem riesigen Material, das sich vor den americanischen Paläontologen fast von einem Tag auf den andern ausbreitete, ein solcher Versuch gemacht wurde, verdient

3

sicherlich nicht etwa Tadel. Wenn sich aber alle diese Categorien für den europäischen Bedarf nicht nur in Folge der in der Regel geringern Art der Erhaltung der Fossilien in den seltensten Fällen anwendbar, sondern auch an sich als viel zu weit gegangen erwiesen, so dürfen wir in der Alten Welt unsere fernere Arbeit getrost an der Hand der von Cuvier und Owen festgestellten Principien fortsetzen, ohne Gefahr zu laufen, dass unsere bisherige Sprache sich an americanischen Fossilien allmälig als unbrauchbar herausstellen sollte. Eher dürfte sich die in America eingeführte Sprache als undurchführbar erweisen, da sie, abgesehen davon, dass sie auf einem Gebiet scharfe Grenzen zieht, das nachweislich innerhalb des individuellen so gut wie des durch die Zeitläufe der Erdgeschichte überlieferten Lebens der Geschöpfe von unablässigen kleinen Veränderungen Bericht giebt, zwei Organe, welche von vornherein bei terrestrischen Thieren so wesentlich verschieden angelegt sind, wie Vorder- und Hinterfuss, fast als gleichwerthige Objecte behandelt.

Nur andeutungsweise mag es hier am Platze sein, noch ein weitläufiges und für Beurtheilung der Gestaltungsgeschichte der hier in Rede stehenden Thierwelt überaus wichtiges Capitel zu berühren, das zwar für die Skeletportionen, von welchen hier bisher die Rede war, dem Auge erst in letzter Linie auffällig wird, aber doch in mechanischem Sinne auch für diese Verhältnisse sehr ins Gewicht fällt.

Dies ist die Art der Segmentirung der Extremitäten im Ganzen, also ein Verhältniss, wodurch ja die Art und die Energie der Bewegung fast in erster Linie bedingt wird.

Vorerst mag dabei nur erinnert werden, dass auch dies, und in noch viel höherem Maasse als die gegenseitigen Berührungen der Fussknochen, mit dem Wohnort und also mit den elementarsten Bewegungsbedingungen des Thieres in allerengster Beziehung steht und folglich mit der Umgestaltung des Wohnortes und des Bewegungsbedarfes sich wird verändern müssen. Genügt es ja anzudeuten, dass Schwimmen, Fliegen, Flattern, Graben, Klettern, Hüpfen, Laufen, Springen, oder wie wir die verschiedenen Bewegungsarten zu nennen pflegen, zu ausserordentlichen Variationen von anatomisch gleichwerthigen Theilen der Extremitäten Anlass geben. An dieser Aufgabe können sich auch nicht etwa nur die in der Regel grossen Segmente der Extremitäten, wie Ober- und Unterhälfte und Metapodien, sondern allerdings sämmtliche Segmente derselben mit Ausnahme der Nagelphalanx betheiligen.

Dass dabei die grossen Segmente der grössten Schwankung fähig sein werden, ist einleuchtend, und die Erinnerung an den Oberarm der Cetaceen oder des Maulwurfs im Vergleich zu demjenigen des Siamang oder des Faulthieres, oder an den Oberschenkel der Robbe im Vergleich zu dem des Menschen belegt dies genugsam. Aber selbst für Knochen, welche in der Regel fast nur zur Gelenkung verwendet werden, wie an Hand- und Fusswurzel, finden sich ja Beispiele in der merkwürdigen Verlängerung der Tarsalknochen mancher Kletterer, vor allem bei Lemuriden, im Vergleich zu deren Abplattung bei den meisten Hufthieren, und für den Carpus in der eigenthümlichen Streckung desselben bei Tapir, Nashorn und Schweinen im Vergleich zu manchen anderen Thieren.

Noch lehrreicher könnte die Vergleichung des Betrages gleichwerthiger Segmente an Geschöpfen von anscheinend ähnlichem Bewegungsbedarf ausfallen, oder wieder eine Uebersicht des Antheils, den die Hauptabtheilungen einer Extremität unter verwandten Thieren an dem Totalbetrag derselben nehmen. Für das erstere Verhältniss mag wiederum nur etwa an die Sirenia im Vergleich zu den Cetaceen, an Soriciden im Vergleich zu Talpa, und an die wichtigen Varianten in der Gliederung der Extremitäten von Robben (und in geringerem Maasse selbst von Ottern) erinnert werden.

Für das zweite hat schon vor langer Zeit Owen an den anthropoiden Affen und dem Menschen inhaltsreiche Schilderungen gegeben. Ebenso würden unter Unguiculaten die Beutelthiere, die Nager, die Insectenfresser, die Bruta von subterranen bis zu makrosceliden Thieren, unter Ungulaten die Hirsche und Antilopen weitausgreifende Serien liefern. Wie ich schon bei anderm Anlass betonte[*], können dabei gelegentlich noch ganz eigenthümliche Factoren, wie die Stellen, von welchen das Thier seine Nahrung nimmt, mitwirken, wofür ja die so eigenthümliche Statur der Giraffe, des Elenthieres, vieler Antilopen, in ganz anderem Sinne auch der Rüsselträger drastische Belege bietet.

Wie an jeglicher Organisation, wird sich sicherlich an der Herstellung solcher Verhältnisse nicht nur eine vorhandene Familien-Anlage, sondern, wie dies an unserer eigenen Species genugsam zu Tage tritt, auch individuelle Besonderheit von Wachsthum betheiligen. Tritt dies doch schon für verschiedene Altersstufen desselben Thieres an den Tag in dem Verhältniss der Gesammtausdehnung der Extremität zu der Grösse des Rumpfes in der bekannten Stelzenfüssigkeit von neugeborenen Füllen und Kälbern, welche freilich nur Ausdruck ist für die Beziehungen des Wachsthums

[*] Geschichte der Hirsche pag. 58.

zwischen Rumpf und Extremitäten.*) Noch bezeichnender wäre, wenn sie sich bestätigen sollte, die vor langer Zeit von Owen**) betonte Kurzfüssigkeit von neugeborenen Känguruhs.

Niemand wird zweifeln können, dass diese Verhältnisse auch für die Beurtheilung der von der Paläontologie aufzudeckenden Metamorphose von Thierwelt von grosser Bedeutung sein müssen. Immer wird ja die Statur des Thieres zu dessen Wohnort und Lebensbedingungen in engster Beziehung gestanden und mit diesen sich mehr oder weniger verändert haben. Wie jeglicher andere Ausdruck von Organisation war auch sie wohl dem Biegen oder Brechen ausgesetzt.

Halten wir uns auch hier nur an einige Andeutungen, und zwar ausschliesslich bei Hufthieren, so könnte es annehmbar erscheinen, dass Plantigradie als eine relativ schwerfällige und elementare, mit grosser Indifferenz ihrer Materialien sich begnügende, man möchte fast sagen embryonale Bewegungsart im Allgemeinen den verschiedenen Graden von Digitigradie vorausgegangen wäre. Bei dem Hinblick auf die grosse Rolle, welche die Proboscidea, die Dinocerata und Coryphodontia in älterer Thiergeschichte spielen, könnte man auch glauben, dass sie für ältere Perioden allgemeiner gewesen wäre. Andererseits zeigen aber Formen wie Phenacodus, Hyrachhyus, Hyracotherium, Palaeotherium oder gar die Grallatoren, wie Triplopus, Xiphodon u. dgl., dass überaus schlankfüssige Thiere schon mit dem Beginn der Tertiärzeit neben schwerfälligen vorhanden waren; wie es denn bei der geringen Veränderung des Bauplanes, welche Hochfüssigkeit voraussetzt, keiner grossen Verschiebung der Wachsthumscoëfficienten bedurfte, um in dieser Richtung rasch grosse Erfolge zu erzielen.

Die elementarste Form von Hufthierbewegung ist in der gegenwärtigen Thierwelt sicher durch den Elephant vertreten, wenn dieses keineswegs unguligrade Thier

---

*) Aus Messungen an jungen und erwachsenen Skeleten von Rind und Pferd ergiebt sich für das Rind keine merkliche Abänderung der relativen Länge in verschiedenen Altersstadien für Oberarm und Oberschenkel oder für Unterarm und Unterschenkel; wohl aber für das Metapodium, das bei dem jungen Thier um volle 7 %, am Hinterfuss um mehr als 8 % der Totallänge von Humerus, Radius, Metacarpus oder deren Parallelen für Hinterfuss (selbstverständlich mit Ausschluss von Fusswurzeln und Phalangen) dem erwachsenen Thier voraus ist. Bei dem Pferd beträgt der procentische Ueberschuss des jungen Metapodiums für Vorder- und Hinterfuss etwa 5 %, während Humerus und Radius, Femur und Tibia mit dem Wachsthum des Thieres nicht zurückbleiben, sondern sich um c circa 2 - 3 % verlängern. Das Metapodium wäre also weit stärkeren Wachsthumsschwankungen ausgesetzt als die zwei andern grossen Segmente der Extremität und würde also im Verlauf der Grössenzunahme des Thieres hinter der Längenzunahme der zwei andern zurückbleiben.

**) Compar. Anatomy of Vertebrates Vol. III. 1868. Pag. 772.

überhaupt den Namen plantigrad verdiente; fast der volle Betrag des so reichen Knochengerüstes, das wir Fuss nennen, wird zum Auftreten oder zum Stützen verwendet, und das Schreiten wird nur durch die zwei obersten bis zum Maximum verlängerten Segmente der Extremität besorgt. Das ganze Glied ist daher in mächtigen Muskelmassen begraben, was dem Elephant in so hohem Maasse das Gepräge von Pachypodie oder Gravigradie verleiht. Diese Schwerfälligkeit, welche vermuthlich doch der Flüchtigkeit eine gewisse Schranke setzt, scheint einen Ausgleich zu finden in der Riesengrösse des Thieres, und mag es vielleicht erklären, dass Pachypodie so weitgehender Art nur selten mit geringer Körpergrösse verbunden zu sein scheint. Elephas melitensis und ähnliche Beispiele (denn wie wir sahen, gehört Hyrax nicht etwa hieher) scheinen in geographischer Isolirung einen Ausgleich für die Zwerghaftigkeit zu besitzen. Adaptivität zum Kosmopolitismus, wie er ja den Proboscidea zukam, mag also gutentheils durch ihre Riesenhaftigkeit bedingt gewesen sein.

Erhebliche Streckung des Fusses scheint mit Pentadactylie schwer verträglich zu sein. Phenacodus möchte noch am ehesten als ein Versuch in dieser Richtung gelten, der aber bis jetzt fast isolirt dasteht, da Pentadactylie für ein Hufthier doch mehr oder weniger an Isodactylie und Brachydactylie oder an relative Indifferenz der Bausteine des Fusses gebunden zu sein scheint.

Auch wird bei dem Elephant Plantigradie, soweit sie ihm zukömmt, nur durch Syndactylie zu Stande gebracht, indem eine gemeinsame Sohle mit einem Luxus von Weichtheilen, ein gemeinsamer Fuss- und Handballen dem gesammten Fuss mit Einschluss des Metapodiums untergelegt wird. An dieser Sohle bilden überdies nur die mit dem übrigen Handschuh continuirlichen Scheiden der Nagelphalangen, und zwar nicht etwa fünf, sondern nur vier für den vordern, drei für den hintern Fuss isolirte Vorsprünge. Cryptodactylie, wie sie die ächten Unguligrada kennzeichnet, findet sich also schon hier ein. In noch stärkerem Grade bei Hyrax, der so wenig unguligrad ist als der Elephant, und plantigrad in anderem Sinne, indem die gemeinsame Fusssohle vorn vier, hinten drei functionelle Finger frei lässt, dafür aber das Metapodium mit Einschluss der gesammten Hand- und Fusswurzel, die sich dem Boden flach anlegen können, einschliesst.

Wo scheinbare Plantigradie sich bei hochfüssigen Thieren wieder einstellt, wie in dem so merkwürdigen Fall von Kameelen und Lama's, ist sie wieder, wie bei dem Elephant, mit vollständiger Syndactylie mit Ausschluss der Nagelphalangen verbunden, aber sie lässt das Metapodium frei und bezieht sich also nur auf die zwei obern

Phalangen. Der Handschuh des Kameeles*) ist also, obwohl viel weicher als der des Elephanten, dem des letztern sehr ähnlich, zwar nur für zwei Finger berechnet und um die Mittelhand kürzer, aber so syndactyl wie bei dem Elephant. Die Abplattung der Phalangen und das völlige Fehlen von Leitungsriefen an den Gelenkrollen des Metapodiums zeigt dabei, dass die beiden ersten Phalangen trotz ihrer grossen Länge völlig auf dem Boden aufliegen, so dass hier die Plantigradie (aber nur Digitiplantigradie) viel weiter durchgeführt ist als bei dem Elephant.

Mit der Reduction oder dem Wegfallen der Seitenfinger, oder also mit der Verminderung oder der Verwachsung der Radien des Fusses — mit andern Worten mit der Verschmälerung und Fixirung der Gelenk- und Stützflächen bis zur Unguligradie, tritt dann bei dem Hufthier fast auf einmal die Möglichkeit der völligen Aufrichtung und der Verlängerung des Metapodial-Segmentes ein. Wie ein Echo pflanzt sich diese Vereinfachung und Befestigung des Mechanismus sofort über den Unterschenkel und den Unterarm fort, indem hier in gleichem Maasse die gegenseitige Beweglichkeit der beiden Knochen dieser Segmente abnimmt, und Pronation und Supination eingeengt werden. Ohne je gänzlich zu schwinden, bilden schliesslich Fibula und Ulna nur noch Gelenk- und Muskelfortsätze von Tibia und Radius. Damit tritt dann Leptopodie an die Stelle von Pachypodie; der grösste Theil der Extremität wird nun von langen und dünnen Sehnen bedient, deren Muskelbäuche mehr oder weniger am Rumpf zurückbleiben, wobei in der Regel nun auch Humerus und Femur sich mit geringerer relativer Länge begnügen.

Langsam und träge scheint dieser Process fortgeschritten zu sein bei Imparidigitata, obwohl schon im Eocen einzelne Gestalten, wie Hyracotherium venticolum, Triplopus, einige Palaeotherien es noch mit drei und vier unter sich fast gleich langen Fingern nahe an die schwerfälligeren Formen von Pferden brachten. Langsam auch bei den Schweinen, wo ja erst in der Gegenwart Dicotyles in die Bedingungen wirklicher Leptopodie und Makroscelidie einzutreten scheint. Viel rascher bei den Selenodonten, wo schon die eocenen Anoplotherien und Xiphodonten uns weit gediehene Grade von Hoch- und Schlankfüssigkeit vor Augen führen, und eine einzige lebende Species noch auf dem plumpen Bau von sogen. Dickhäutern und Schweinen zurückgeblieben ist. Immer scheint dabei die grösste Energie für Verlängerung in erster Linie im Metapodium, in zweiter — vom Moment der Unificirung an — im

---

*) Nach der Abbildung von Marsh muss man sich fragen, ob nicht bei den sonst ja dem Nashorn so nahestehenden Brontotherien ein ähnlicher Fall vorliege. Und etwa gar bei Triplopus?

Vorderarm und Unterschenkel gelegen zu haben, während die Gelenkpartien, und im Tarsus selbst kaum diese, nur selten und in sehr geringem Maasse sich dabei betheiligten.

An der ursprünglichen Anlage für Pentadactylie halten also Tarsus und Carpus mit der grössten Zähigkeit fest, und der erstere — obschon an ihm bald ein einziger Knochen, der Astragalus, noch auf Ober- und Unterfläche gelenkig bleibt, während alles andere fast unverschiebbar wird und allerlei Synostosen eingeht — sogar in noch stärkerem Maasse als der Carpus, wo unter allen Umständen beim Hufthier viel mehr Beweglichkeit bestehen bleibt. Wird doch in Wahrheit sogar kaum ein einziger heutiger Wiederkäuer zu nennen sein (Lama und Kameel?), wo leise Spuren von Pentadactylie nicht noch im Carpus und im Tarsus — und mindestens von Tetradactylie nicht noch in den Metapodien nachweisbar wären.

Bei Iso-Tridactylie (Rhinoceros), wo die Fusswurzeln noch in die Quere ausgedehnt bleiben, wird dabei noch kaum etwas verändert. Mehr bei starkem Vorwiegen des Mittelfingers, wo sich, wie früher erörtert, mindestens der Tarsus allmälig nach hinten aufrollt und also an Tiefe gewinnt, was er an Breite verliert. Aber selbst bei dem äusserlich einfingrigen Pferd sind Fälle nicht so selten, wo noch das Tragstück von Digit. I. am Tarsus und am Carpus seine Selbstständigkeit behält.

Wiederum stossen wir also hier auf die geringe Veränderlichkeit dieser Segmente, namentlich am Hinterfuss, und auf den Missgriff, der darin liegt, die leisen Veränderungen, die hier bei der Befestigung oder bei der Beweglichhaltung des Mechanismus mitspielen, zur Unterscheidung von grossen Gruppen von Organisation zu verwenden, da sie doch nur einen sehr particiellen Ausdruck von Statur und Mechanik bilden.

Was endlich die Betheiligung der noch tiefer gelegenen Skelettheile an der Erhöhung und Flüchtigmachung des Thieres betrifft, so genügt schon das Gesagte, um in Erinnerung zu bringen, dass überhaupt Stützung des Körpers auf eine Anzahl von Radien kaum mit merklicher Streckung des Fusses verträglich scheint. Noch iso-tridactyle und iso-tetradactyle Thiere bleiben schwerfällig. Erst das Ueberwiegen eines Mittelfingers, sei es ein einfacher oder ein Doppelfinger, öffnet gleichsam sofort, wie wir an lebenden und fossilen Thieren sehen, einer energischen Erhöhung Thür und Thor. Immer fällt dabei dem activ bleibenden Theil des Metapodiums die grösste Rolle zu, während die bei Seite geworfenen Theile rasch verkümmern. Aber auch die Phalangen mit Ausnahme der Nagelphalanx, die noch bei manchen Hufthieren (Elephant, Hyrax, Nashorn) mehr oder weniger aufgerichtet ist und selbst bei ächten Unguligraden (wozu streng genommen nur Mediungulata und Bisulca gehören) niemals

hoch wird, da ja dies alle Elasticität des Ganges vereiteln würde, nehmen dann an
Länge zu. Am stärksten die erste, deren Streckung namentlich die Abhebung der
Körperlast von den Seitenhufen zu bewirken scheint, während die zweite — beweglich
und elastisch zwischen die zwei andern eingebettet und gleichsam auf keine erhebliche Streckung Anspruch machend, da sie Gelenktheil bleibt — der segmentirten
Knochensäule, welche jetzt die Körperlast zu tragen hat, die Elasticität erhält, die, wie
wir an unserer eigenen Bewegung fühlen, eine so grosse Krafterparniss zu Stande
bringt. Noch dem Zwei- und Einhufer wird dadurch die leichte und graciöse
Bewegung gesichert, die an dem tänzelnden Pferd selbst der Bewegung einer so
schweren Körperlast einen so fröhlichen und eleganten Ausdruck giebt im Vergleich
zu der Schwerfälligkeit des mehrfingrigen Unguligrades oder gar zu der Patschig-
keit des digiti-plantigraden Kameeles, wo die langgestreckte erste Phalanx den
Dienst der von dem Handschuhe eingeschlossenen Gelenkphalanx übernehmen muss.

II.

Einige neue Bindeglieder

für die Säugethierstämme Alter und Neuer Welt.

Noch weit eingreifender als die im Bisherigen berührten systematischen Schluss-folgerungen waren diejenigen, die sich schon seit längerer Zeit aus den grossartigen Arbeiten der Americaner für die geographische Verbreitung der fossilen Säugethiere ergeben hatten. Da war ja vor Allem das Licht zu erwarten, das über die Herkunft der heutigen Thierwelt in beiden Continenten Aufschluss geben konnte. Und über-raschend war dasselbe allerdings im höchsten Grad, namentlich seitdem zuerst durch Leidy und Marsh der Inhalt der ungeheuren Gebiete von americanischem Eocen bekannt wurde. Vor allem waren es selbstverständlich die so überaus fremdartigen Erscheinungen der sogenannten Pantodonta und Dinocerata, welche in wissenschaft-lichen und populären Kreisen nicht minder Staunen erregten, als seiner Zeit die Aufdeckung der eocenen Thierwelt Europa's durch Cuvier. Geriethen doch darüber die längst bekannten und nach mancher Rücksicht noch bizarreren Typen der süd-americanischen Toxodontia, deren Beziehung zu altweltlichen Geschöpfen noch ganz im Dunkeln lag, in Hintergrund. Auch diejenigen europäischen Paläontologen, welche diese neu auftauchenden Thierschaaren mit der ruhigsten Ueberzeugung musterten, dass dieselben die in Europa gesammelten Erfahrungen über Gesetze und Umfang von Säugethierorganisation nicht würden sprengen können, mussten zugeben, dass da eine überaus viel fremdartigere Welt von Thieren auf die Bühne trat als etwa bei Anlass der Ausbeutung der sivalischen Hügel Indiens durch Falconer und Cautley. Nur sehr allmälig trat an den Tag, dass doch in der reichen Fundquelle, welche sich fast gleichzeitig für Europa in Süd-Frankreich geöffnet hatte, eine Anzahl

4

von Bindegliedern vorliege, welche mit Sicherheit erwarten liessen, dass sich die scheinbar so grosse Kluft zwischen alt- und neuweltlicher eocener Thierwelt mit der Zeit um Vieles verengern werde.

Die Erfahrungen der Paläontologen waren insofern nicht so sehr verschieden von denjenigen des Publicums im Zeitalter der früheren Entdeckung der «Neuen Welt». Obwohl das unvermeidliche Bedürfniss von Nomenclatur dazu geführt hatte, fast Alles mit neuen, sei es ebenfalls importirten, sei es auf Vergleichung mit altweltlichen Geschöpfen gegründeten Namen zu bezeichnen, so traten doch immer mehr Parallelen an den Tag. Immer aber blieb — und in der Südhälfte Americas viel reichlicher als in der nördlichen — ein Rest von Geschöpfen übrig, die sich in Categorien, die der altweltlichen Thierwelt angepasst waren, nicht unterbringen liessen.

Wenn es in der Paläontologie möglich wäre, Nomenclatur bis auf die Zeit aufzuschieben, wo von einem neu aufgefundenen fossilen Thier dasjenige, was zur Aufstellung einer wissenschaftlichen Bezeichnung berechtigt, bekannt sein würde, und verfrühte Namen wegzuwerfen, sobald deren Entbehrlichkeit an den Tag getreten wäre, so würde schon heutzutage — allerdings mit einem allem Anschein nach viel grösseren Rest von neuweltlichem Privatbesitz als zur Zeit der ersten Conquista — das gemeinsame Eigenthum der beiden Continente zur eocenen Zeit viel ausgedehnter erscheinen, als es die paläontologischen Cataloge vermuthen lassen. Um so mehr, wenn sich für Paläontologie die Begriffe von Species und Genus so vorsichtig würden begrenzen lassen, wie sich dies allmälig für die noch lebenden Thiere als nothwendig erwiesen hat.

Eine Gegenüberstellung der americanischen und der europäischen eocenen Thierwelt in solchem Sinn zu versuchen, kann nicht in meiner Absicht liegen. An der von Cope a. a. O. gegebenen Zusammenstellung die Synonymen anzudeuten, auf die man wohl gefasst sein darf, kann füglich fernerer Kritik überlassen werden. Dagegen kann wohl keine Mittheilung verfrüht erscheinen, welche bestimmte Thatsachen über Verbindung der beiderseitigen Faunen beizubringen vermag.

Ich entnehme diese Thatsachen der den meisten Paläontologen wohlbekannten Sammlung des Herrn Pfarrer Cartier in Ober-Buchsiten, von welcher ich einen kleinen Theil in einer früheren Monographie beschrieben habe.*) Vor einigen Jahren ist dieselbe in ihrer Gesammtheit in den Besitz des Basler Museums übergegangen.

---

*) Eocene Säugethiere aus dem Gebiet des schweizerischen Jura. Denkschr. der Schweiz. naturf. Ges. 1862 m. 5 Tafeln.

Der mir daraus erwachsenen Pflicht, die frühere Arbeit zu vervollständigen, hoffe ich mit der Zeit nachkommen zu können. Hier beabsichtige ich nur, auf wenige Stücke aus derselben aufmerksam zu machen, die für die hier berührten Fragen von grosser Bedeutung zu sein scheinen. Leider bestehen sie allerdings einstweilen nur aus Zähnen des Oberkiefers, zu welchen diejenigen des Unterkiefers noch nicht aufgefunden werden konnten. Da indess auch im americanischen Eocen an den analogen Formen die sichere Zusammenstellung von Gebissen des Ober- und Unterkiefers auf allerlei Schwierigkeiten stiess, so wird diese Lücke wohl auch nachträglich ausgefüllt werden dürfen.

Wie schon früher theils von mir, theils von Kowalewsky, dem ja die Egerkingersammlung aus eigener Anschauung sehr gut bekannt war, gezeigt wurde, ist dieselbe trotz ihres nicht grossen Umfanges und der im Allgemeinen schlechten Erhaltung der Fossilien, worin Egerkingen hinter Caylux und gar den americanischen Fundorten weit zurücksteht, doch dadurch bemerkenswerth, dass namentlich gewisse Thiergruppen, die anderwärts eher spärlich und zerstreut vorkommen, darin besonders reich vertreten sind.

Zur allgemeinen Orientirung kann dabei das früher von mir gegebene Verzeichniss der damals dort aufgefundenen Fauna dienen, an welchem bei neuerer Durchsicht der Sammlung sich nicht sehr Wesentliches zu ändern fand. Füge ich dazu nur das Wichtigste, was die seither durch Herrn Cartier beigefügten Funde lieferten, so muss freilich vor der Hand von den Carnivoren und Nagern abgesehen werden, da dieselben noch nicht untersucht werden konnten. Unter den Hufthieren ist namentlich von Interesse die starke Vertretung der Lophiodonten, deren Species-Zahl auf nicht weniger als etwa neun geschätzt werden muss; hiezu zähle ich auch den von Filhol in Quercy aufgefundenen Protapirus, dem nach dem mir vorliegenden Material im Oberkiefer die Milchzähne der Lophiodonten, im Ersatzgebiss die Zähne von Tapiren zukommen.

Auf die Lophiodonten folgen an Stärke der Vertretung zunächst wohl die Propalaeotherien mit Einschluss von Pachynolophus und Lophiotherium, während die Palaeotherien (mit Plagiolophus) relativ schwach, allem Anscheine nach nur durch vier oder fünf Species vertreten sind. Viel spärlicher treten die Hyracotherien auf.

An Paridigitaten werden wohl die Hyopotamiden (mit Einschluss von Rhagatherium) in erster Linie stehen. Spärlicher, obwohl immerhin, wie schon von Kowalewsky bemerkt worden, in allerlei Formen, wozu wohl auch das seiner Zeit von mir aufgestellte Genus Chasmotherium gehören mag, treten Suiden auf: darunter eine weder bunodont noch selenodont zu nennende Form, die mit Doliochorus Quercyi Füll. in naher Beziehung zu stehen scheint. Die Anoplotheriengruppe scheint nur durch Dichobunen, Cainotherien und Xiphodon vertreten zu sein.

Von Selenodonten im engeren Sinne des Wortes ist bisher nur Dichodon zum Vorschein gekommen, und zwar mit zwei Oberkieferzahnreihen, welche mir erlauben, eine irrthümliche Deutung, die ich bezüglich des Gebisses dieses Thieres auf Boden einer aus Quercy stammenden Zahnreihe gemacht habe *), zu corrigiren. An letzterem Kiefer, der mir von Prof. Rosenberg in Dorpat geliehen worden war, schloss ich aus d·m Umstand, dass derselbe vier unter sich fast gleich stark abgetragene Zähne von gleichem Bau trug, dass D. 1 im Oberkiefer, anders als bei allen heutigen Wiederkäuern, den Molaren gleichgebildet sei. In Egerkingen fand sich nun eine ähnliche Zahnreihe wie die aus Quercy, aber dazu eine zweite mit M. 1, P. 1 u. 2 von völlig normaler Wiederkäuer-Form; wobei M. 1 an dem die Prämolaren tragenden Stück im Grad der Usur sich kaum verschieden verhielt von M. 1 an dem mit Milchzähnen versehenen Stück. Hiemit erwies sich meine frühere Deutung, die auf dem Schluss beruhte, dass Milchzähne und Molaren — und zwar bis zu M. 3 — von nicht sehr verschiedener Abtragung nicht nebeneinander bestehen könnten, als unrichtig. Aus den Kieferstücken von Egerkingen ergiebt sich also, dass die Abnützung der Molaren bei Dichodon so langsam vor sich gehen kann, dass Milchzähne schon frühe, vor merklicher Abtragung der Molaren, ersetzt werden können.

An Ungniculaten hat die frühere Untersuchung, zu welcher ebenfalls allerlei Zuthaten zu erwarten sind, bekanntlich Nager (Sciuriden), Carnivoren, worunter Proviverra, Cynodon und Amphicyon und endlich Lemuriden geliefert.

Obschon die gegenwärtige Mittheilung zunächst nur wenigen besonders bemerkenswerthen ganz neuen Funden in Egerkingen gewidmet ist, so benütze ich diesen Anlass doch, um trotz der Spärlichkeit des für die Lemuriden neu an den Tag gekommenen Materiales auch dieses bekannt zu machen. Abgesehen von einigen merkwürdigen Beziehungen zu dem wesentlichen Gegenstand dieser Abhandlung kann ja hiezu schon das grosse Interesse auffordern, das sich von Anfang an an diesen Fund geknüpft hat, und die mancherlei Fragen, welche die ganze Gruppe der fossilen Lemuriden bis auf den heutigen Tag umgeben. Legte doch, wie ein kurzer Rückblick auf das Urtheil über dieselben lehrt, kaum eine andere fossile Thierform in gleichem Maasse die Schwierigkeiten an den Tag, aus vereinzelten Gebisspartien richtige Schlüsse auf deren Beziehungen zu bekannten Gestalten abzuleiten, so wie

---

*) Natürliche Geschichte der Hirsche. Zweiter Theil pag. 57.

die Mannigfaltigkeit der Methode, nach welcher bei derartigen Aufgaben vorgegangen werden mag.

Anzuheben ist bekanntlich die Frage schon seit 1822, in welchem Jahre Cuvier für ein Fossil aus dem Gyps von Montmartre das Genus Adapis aufstellte, das er den Pachydermen zuwies. Von Laurillard und Blainville, später auch von Gervais wurde es als den Insectivoren und namentlich den Igeln nahe stehend bezeichnet, obschon letzterer es wie schon Cuvier unter die Anoplotherioiden stellte. 1862 wurde sodann unter dem Titel Caenopithecus lemuroides das hier nochmals zu besprechende Fossil von Egerkingen als eine Form von vermuthlichen Quadrumanen erklärt, in welcher sich, so weit das kleine Oberkieferstück ein Urtheil gestattete, Merkmale von Maki's mit solchen neuweltlicher Affen vereinigt fänden. Besonders wurde die grosse Aehnlichkeit mit dem Gebiss von Mycetes betont, womit das Fossil indes aus andern Gründen sich nicht vereinigen liess. Letztere Aehnlichkeit wurde auch (brieflich) von Lartet anerkannt, wenn auch mit der Beifügung, dass sich das Thier bei vollständigerer Kenntniss doch wohl schliesslich als ein Pachyderm herausstellen möchte. Rousseau, der Conservator der vergleichend anatomischen Sammlung am Jardin des Plantes, damals wohl der competenteste Beurtheiler von Quadrumanen-Gebissen, wollte sich nicht darüber aussprechen. Ueber vollständige Schädel ähnlicher Thiere aus dem Phosphorit von Süd-Frankreich verfügten erst Delfortrie 1873, der die kleine Zahnreihe aus Egerkingen als von einem Pachyderm herrührend ansah, und bald darauf Filhol; beide sprachen sich für eine Mittelstellung der von ihnen beschriebenen Formen (Palaeolemur, Necrolemur) zwischen Pachydermen und Maki's aus.

Von 1872 hob dann die Entdeckung immer zahlreicherer ähnlicher Formen in America an. Auch dort wurden sie von Leidy und von Marsh als Zwischenformen zwischen Pachydermen und americanischen Quadrumanen erklärt. Von Cope endlich wurden unter Beifügung einer ganzen Anzahl neuer Formen aus dem nordamericanischen Eocen diese Parallelen aus alter und neuer Welt theils unter einem besonderen Titel Mesodonta vereinigt, welche als eine Abtheilung der Bunotherien eine Stelle zwischen den Creodonta und den ächten Quadrumanen einnehmen sollten, theils als Prosimiae bezeichnet. Die erstern sollten sich durch nicht opponirbaren Hallux von den letztern oder den eocenen Maki's unterscheiden. Aber selbst in dem Urtheil Cope's macht sich das alte Schwanken zwischen der unguiculaten und ungulaten Natur dieser Thiere noch insofern geltend, als die Mesodonta (Tert. Vertebr. of the West. pag. 381) als eine Parallele zu den den Hufthieren angehörigen Condylarthra erklärt werden; bei welchen sich manchmal ein analoges Gebiss vorfände.

und von welchen sie sich überhaupt nur dadurch unterscheiden sollten, dass die einen mit Hufen, die andern mit Nägeln versehen wären.

Unter diesen Umständen mag es dann wohl nicht unpassend erscheinen, wenn M. Schlosser in neuester Zeit[*]) die Mehrzahl dieser affenähnlichen Gestalten wieder unter einen einzigen Namen, Pseudolemuriden, vereinigt. Ob sie als Wurzelformen der ächten Quadrumanen, mit Einschluss des Menschen, anzusehen seien, mag einstweilen füglich als eine Hypothese erscheinen, zu deren Bestätigung noch Vieles nöthig ist. Von den eigentlichen Lemuriden, die neben den Pseudolemuriden auch schon im Eocen vertreten sein sollen, würden sie sich nach Schlosser durch die Beschaffenheit der Caninen und Incisiven unterscheiden.

Caenopithecus lemuroides.

—

Zu der Beschreibung des im Jahr 1862 bekannt gemachten Stückes habe ich nichts beizufügen; um so weniger als auch die damals gegebene Abbildung ein vollkommen treues Bild desselben giebt. Auch den damals aufgestellten Parallelen mit lebenden Thieren kann ich im Wesentlichen heute noch beipflichten. Höchstens kann an der Hand eines reicheren Vergleichungsmateriales etwa noch folgendes bemerkt werden.

Trotz der mit Recht betonten Aehnlichkeit der drei hintern Oberkieferbackzähne aus Egerkingen mit denjenigen von Mycetes, ergiebt sich bei dem Ueberblick über die verschiedenen Arten dieses Genus, dass die beiden Innenhügel von Mycetes doch sich unter sich in der Regel gleichförmiger verhalten als bei dem Fossil von Egerkingen, wo der hintere Innenhügel ausschliesslich dem Basalwulst angehört. Namentlich tritt bei Mycetes pallidus und noch andern Arten diese an übrige Platyrhinen wie Cebus u. s. f. sich annähernde Gleichwerthigkeit der zwei Innenhügel sehr deutlich an den Tag. Am nächsten steht in dieser Beziehung dem Fossil aus Egerkingen Mycetes niger, aber auch da kann doch der hintere Innenhügel, obgleich er am hintersten Backzahn auf die Rolle eines Basalwulstes reducirt ist, nicht als blos diesem angehörig gelten, da ein Basalwulst um die vordere Zahnhälfte völlig fehlt.

[*) Referat über die fossilen Affen. Archiv für Anthropologie. Bd. XVII. 1888.

Bei gewissen Maki's scheinen daher die typischen Verhältnisse des Gebisses aus Egerkingen doch treuer wiederholt zu sein. Nicht bei Propithecus und Lichanotus, die sich hierin sehr ähnlich verhalten wie Mycetes. Dagegen herrscht bei allen übrigen Formen, soweit ich sie überblicken kann, der Plan, dass sich von den zwei Hügeln der Aussenwand ein mehr oder weniger zum Halbmond vervollständigter und von dem Vordertheil des Zahnes ausgehender Innenhügel ablöst, an welchen sich überdies Basalknospen verschiedenen Ranges anschliessen. Auf einen starken, die Innenseite des Zahnes umgebenden Basalkranz sind diese beschränkt bei Lemur varius. In zwei Knospen erhebt sich dieser Basalkranz bei den meisten andern Arten von Lemur, wobei dieselben bald an M. 1, bald an M. 2 stärker ausfallen, und meistens die vordere derselben die constantere ist, was namentlich an M. 2 an den Tag tritt, wo meist nur die vordere ausgebildet ist.

Nur eine solche Knospe, und zwar der Hinterhälfte des Zahnes angehörig, finde ich bei Lepidilemur, Perodicticus, Nyeticebus, Otolicnus, Stenops.[*]

Mit dieser letzteren Gruppe von Maki's scheint mir mithin das Gebiss aus Egerkingen seinem wesentlichen Plan nach mehr übereinzustimmen als mit Mycetes. Immerhin ist dabei an eine besondere Verwandtschaft mit diesem oder jenem Genus nicht zu denken, so lange nicht weit vollständigere Hülfsmittel der Vergleichung vorliegen.

Zutreffender und vielsagender als die Vergleichung mit irgend einem lebenden Thier ist indes die schon von Vielen betonte Aehnlichkeit des Caenopithecus mit dem in ziemlich gleichartigem Terrain vorkommenden Genus Adapis, dessen obere Backzähne zur Zeit, als ich den Oberkiefer von Egerkingen beschrieb, noch unbekannt waren. Wie sich schon aus der Vergleichung unserer Abbildung von 1862 mit den zuverlässigen Abbildungen von Adapis (als welche bisher wohl nur noch die von Gaudry in Fig. 299 der Enchainements gegebene zu betrachten ist) ergiebt,

---

[*] Eine Anzahl brauchbarer Darstellungen über diese Verhältnisse ist zu finden in Gray's Catalog der Affen des Britischen Museums 1870. Die daselbst gegebene Abbildung vom Gebiss von Arctocebus (Perodicticus) calabarensis in doppelter Vergrösserung nähert sich am ehesten demjenigen des Makis von Egerkingen. In Natura liegt mir diese Species nicht vor, wohl aber Perodicticus Potto, wo freilich, wie es auch in der vergrösserten Darstellung bei Gray gut wieder- gegeben ist, alles überaus viel abgerundeter und glatter aussieht als bei dem fossilen Gebiss, welches überdies auf ein etwa dreimal grösseres Thier hinweist, als es die kleinen Pottos sind. Zudem finde ich bei keinem einzigen Maki, so wenig als bei Brüllaffen, eine deutliche Wiederholung der so scharf markirten Zwischenknospe auf dem Vorderhügel der Egerkingerzähne. Höchstens bei Propithecus laniger sehe ich an frischen Zähnen etwas Aehnliches auf dem vorderen Zahn- rand, was aber bei der eigenthümlich runzligen Natur dieser Zähne sicher nicht als Parallele zu den markanten Höckerchen von Caenopithecus gelten kann.

ist der Bauplan bei beiden vollkommen derselbe. Eine Aussenwand mit zwei Hugeln, ein Innenhügel, der von dem Culminationspunkt eines vom vorderen Aussenhügel ausgehenden und mit einer kleinen Zwischenknospe versehenen Vorjochs ausgeht, das sich schliesslich in einem Bogen wieder an den hintern Aussenhügel anschliesst, und ein wesentlich von einem Basalrand gebildeter hinterer Innenhügel.

Nach dem 1862 vorgelegenen Stück von Caenopithecus hätte ich also nicht anstehen dürfen, die schon von Filhol*), Gaudry, Schlosser vorgeschlagene Vereinigung desselben mit Adapis anzuerkennen, und es würde sich dann nur noch etwa darum gehandelt haben, ob die Aehnlichkeit sich bis auf etwaige Species-Merkmale erstrecken müsste.

Immerhin war letztere Frage schon misslich, da ja die von Filhol für die drei von ihm vorgeschlagenen Species von Adapis angegebenen Unterschiede sich nur auf höchst geringe Grössenunterschiede zu beschränken scheinen und auch von nachfolgenden französischen Autoren nicht anerkannt worden sind. Zu demselben Ergebniss führt mich die Prüfung einer ganzen Anzahl von trefflich erhaltenen Ober- und Unterkieferstücken von Adapis, die sich in einer seither vom Museum in Basel erworbenen Sammlung aus Caylux befinden. Die Länge der obern Molarreihe wechselt von 13—18 mm, ohne dass dabei Verschiedenheiten im Zahnbau bemerkbar wären. Auch finde ich selbst an den grössten Zahnreihen aus Caylux, welche nach der Grösse sonst zu Adapis magnus gehören sollten, die Zwischenknospe auf dem Vorderrand der oberen Molaren nicht unterdrückt, wie dies Schlosser als Merkmal für Adapis magnus angiebt. Höchstens ist sie etwas schwächer markirt, wie denn überhaupt an den grössern Stücken das ganze Relief weniger scharf geschnitten und verwischter ist als an den kleinern. Die Zahnreihe aus Egerkingen hält sich mit 16 mm also gerade in der Mitte der Variationen in Caylux.**)

Wichtiger als das ist aber der Umstand, dass zwischen den Zahnreihen von Egerkingen und dem Adapis von Caylux doch Unterschiede bestehen, die sogar in

---

*) Die von Filhol in Ann. sciences. géolog. T. XIV Pl. 10, fig. 3 gegebene Copie meiner Zeichnungen ist sehr unrichtig.

**) Zwischen Adapis magnus und Adapis parisiensis vermag ich also am Gebiss Grenzen nicht zu erkennen, mag aber doch einem so sachkundigen Beobachter wie M. Schlosser, dem ein viel grösseres Material vorlag als mir (Affen, Lemuren, Chiropteren etc. des europäischen Tertiärs, 1887. pag. 17 u. f.) zugeben, dass es sich rechtfertigen kann, grosse und kleine Formen desselben Gepräges auseinander zu halten. Anders verhält es sich mit dem, was früher Aphelotherium und Palaeolemur genannt wurde. Das scheint sich denn doch, obwohl von Schlosser zu Adapis parisiensis gezogen, von den in Quercy vorwiegenden Formen wesentlich zu unterscheiden. Hierin stimme ich mit dem Urtheil von Gaudry überein.

der Vergleichung der von mir für erstere, von Gaudry für letztere gegebenen Abbildungen hervortreten, an den Originalien aber noch auffälliger werden. An sämmtlichen mir vorliegenden Oberkieferreihen aus Caylux, mögen dieselben kleineren oder grösseren Thieren angehören, ist der Umriss der Zähne verschieden von Egerkingen. Sie sind in die Länge gestreckt, so dass der Längsdurchmesser den Querdurchmesser übertrifft, während bei den Zähnen aus Egerkingen das Umgekehrte der Fall ist. Ausserdem bildet die Aussenwand an dem Thier von Caylux trotz ihrer Trennung in zwei Hügel eine mehr oder weniger continuirliche Schneide, während die beiden Hügel in Egerkingen viel selbstständiger sind; ihre Aussenseite ist auch mit stärkeren Mittelrippen versehen. Drittens ist der halbmondförmige Bogen, der den vordern oder hauptsächlichen Innenhügel trägt, in Egerkingen nur merklich schärfer ausgeprägt als bei den Fossilien aus Caylux, wo dieser Bogen in seiner Hinterhälfte nur schwach angedeutet ist.

Trotz aller Aehnlichkeit des Zahnbaues ist also doch eine Identificirung mit Adapis, mindestens mit den bis jetzt bekannt gewordenen Formen dieses Genus ausgeschlossen.

Hiezu kommt nun an einem zweiten in Egerkingen aufgefundenen Stück noch ein fernerer Umstand. Dasselbe ist abgebildet in Fig. 2 der dieser Abhandlung beiliegenden Tafel.

Wie das frühere, ist es ein rechtseitiger Oberkiefer, aber vollständiger als ersteres. Es enthält fünf Zähne, die drei Molaren, und dazu die zwei hintersten Prämolaren. Auch das anhaftende Knochenstück ist vollständiger. Ueber den zwei hintern Molaren erhebt sich der Augenbogen, der aber tiefer liegt und also eine geringere Seitenfläche des Kiefers frei lässt als bei Adapis. Ueber dem hintersten Prämolarzahn liegt ein grosses und tiefes Foramen infraorbitale von ganz anderer Beschaffenheit als bei Adapis, wo ich es zwar an verschiedenen Schädelstücken etwas verschieden beschaffen sehe, aber durchweg kleiner und weniger trichterförmig als bei dem Schädelstück von Egerkingen. Noch abweichender verhält sich die Innenseite des Augenbogens. Auch hier ist der Alveolarfortsatz des Oberkiefers bei Adapis wesentlich höher als bei dem Egerkingerfossil, wo er sehr niedrig und von einer tiefen Infraorbitalrinne gefurcht ist. In allen diesen Punkten verhält sich das Stück aus Egerkingen sehr ähnlich wie unter lebenden Makis Perodicticus und Galago, während die entsprechenden Verhältnisse bei Adapis, d. h. der quere Abschluss von Gaumenfläche und Alveolarfortsatz an der Wurzel des Augenbogens, wenn überhaupt unter Lemuroiden etwa Entsprechendes auftritt, eher an Stenops und an die indischen Formen erinnern.

Erheblicher oder doch leichter verwerthbar sind aber noch andere Verhältnisse. An dem neuen Stück von Egerkingen folgen unmittelbar auf den vordersten Backzahn zwei unter sich sehr ähnliche Prämolaren, welche im Bau nicht etwa den zwei hintersten Prämolaren von Adapis entsprechen, sondern erst dem zweit- und drittletzten. Unmittelbar vor P. 2 (von hinten gezählt) ist der Kiefer abgebrochen und wird noch die Alveole einer bis zur Augenhöhle hinaufragenden Zahnwurzel sichtbar. Der hinterste Prämolar des Thieres von Egerkingen ist also von demjenigen von Adapis um vieles mehr verschieden als die Molaren beider Thiere. Bei Adapis steht er in seinem Bau in der Mitte zwischen Molaren und Prämolaren; er ist von nahezu dreieckiger Form; die Aussenwand, wenn auch kürzer als an M., doch noch deutlich zweigipflig; aber von Innenhügeln ist nur ein einziger, der vordere, vorhanden, indem die hintere Nebenknospe vom Molaren fehlt. Bei dem Oberkiefer von Egerkingen ist bereits am hintersten Prämolarzahn die Aussenwand nur eingipflig und sogar der Innenhügel eigentlich auf einen etwas starken Basalwulst an der Innenseite reducirt.

Hiemit wird nun offenbar das Fossil von Egerkingen von demjenigen von Caylux weiter abgetrennt als durch die erwähnten kleinen Verschiedenheiten im Bau der Molaren, und wird es, da vollkommen gleiche Altersstufen beider Thierarten verglichen wurden, selbst kaum angehen, für beide Thierformen denselben Genus-Namen zu verwenden. Auch auf die Frage, ob denn die beiden Kieferstücke aus Egerkingen der nämlichen Thierart angehören, kann erwiedert werden, dass ihre Molaren unter sich viel ähnlicher sind als mit Adapis. Allerdings sind sie bei dem neu aufgefundenen Stück etwas weniger schief nach hinten verschoben als an dem schon 1862 beschriebenen, wie die hier beigegebenen Abbildungen es richtig darstellen. Immerhin unterscheiden sich die zwei Stücke von Egerkingen in Bezug auf ihre Molaren unter sich nicht mehr als etwa die zahlreichen Kiefer aus Caylux, die mir vorliegen, unter sich. Ich habe also durchaus keinen Grund anzunehmen, dass sie nicht von einer und derselben Thierart stammen. Dieselbe kann aber nicht mehr den Titel Adapis tragen, seitdem wir wissen, dass die Prämolaren bis auf den hintersten unter sich gleich sind; bis auf weiteres wird also der früher gegebene Titel Caenopithecus lemuroides sein Recht behalten müssen, sofern nicht der Blick nach einer ganz andern Richtung zu werfen ist.

Bei dem Durchblättern des grossen Atlas von Cope (Tert. Vertebr. of the West) war es unmöglich, die grosse Aehnlichkeit zwischen dem Gebiss aus Egerkingen und dem von Cope für seine Mesodonten-Genera Pelycodus und Hyopsodus aus dem Eocen von Wyoming dargestellten zu verkennen. Namentlich müssen Pelycodus tutus, und Pelycodus frugivorus Cope Pl. XXV a Fig. 1 und 4, Pelycodus (Chriacus) angulatus

(Pl. XXIV c Fig. 4 c), wie vielleicht auch Hyopsodus vicarius, ebendaselbst Fig. 7 in Betracht kommen. Am wenigsten letzteres, da nach der Abbildung, sowie nach der Versicherung Schlossers*) die zwei vordern obern Molaren zwei Zwischenknospen zu tragen scheinen, obgleich im Uebrigen ihr Bau demjenigen von Caenopithecus sehr nahe steht. Für Pelycodus tutus und frugivorus ist indess die Aehnlichkeit mit Caenopithecus aus Egerkingen so gross oder grösser als mit Adapis, insofern der letzte Prämolar von Caenopithecus sich wie bei Pelycodus verhält und nicht wie bei Adapis. Lediglich ist mir in der Beschreibung des Gebisses von Pelycodus tutus (Cope Pag. 229) nicht verständlich, was Cope von dem low angular tubercle meint, der zwischen dem äussern und innern Hinterhügel liegen solle. Auch die Abbildung lässt darüber nicht klar werden. In der Abbildung von Pelycodus frugivorus lässt sich aber nichts erkennen, was nicht berechtigen könnte, Caenopithecus mit dem in den bad lands von Big-Horn in Wyoming häufigen Pseudolemuriden zusammenzustellen. Immerhin wird es, bevor wir etwa die Genera Caenopithecus und Pelycodus als gleichwerthig ansehen, nöthig sein, zur vollständigen Beweisführung vollständigere Materialien abzuwarten. **)

Werfen wir dabei bezüglich dieser Verhältnisse noch einen Blick auf die lebenden Maki's, so ergiebt sich, dass bei der grossen Mehrzahl derselben, d. h. so viel mir scheint bei den meisten Formen mit drei Prämolaren, der hinterste Prämolarzahn, obwohl sehr verschieden von demjenigen von Adapis, doch eine Art Mittelform zwischen Molaren und den vordern Prämolaren darstellt. ***) Am unvermitteltsten ist die Verschiedenheit von Molaren und Prämolaren bei den Makis mit nur zwei Prämolaren, d. h. bei den Indrisina (Propithecus und Lichanotus). In dieser Beziehung, durchaus nicht aber, wie schon oben gesagt worden, in der Form der Zähne, würde also Caenopithecus den Indrisina nahestehen. Noch mehr würde dies zutreffen, wenn die Spur einer so hoch hinaufragenden Zahnwurzel, wie sie bei dem neu aufgefundenen Stück von Egerkingen vorhanden ist, auf einen Eckzahn lauten und somit die Zahl der Prämolaren von Caenopithecus auf zwei einschränken sollte,

---

*) M. Schlosser, Affen, Lemuren, Chiropteren etc. pag. 21.

**) Schon jetzt, obwohl später darauf zurückzukommen ist, mag aufmerksam gemacht werden, wie sehr auch in America der Zahnbau dieser Maki-ähnlichen Thiere mit demjenigen mancher Huftiere übereinstimmt. Neben den Abbildungen des Oberkiefers von Pelycodus werfe man nur einen Blick auf diejenigen von Ectocion (Pl. XXV c Fig. 9), Pantolestes (Pl. XXIII d Fig. 7) etc.

***) Nach der Darstellung von Gray in dem Catalog des Britischen Museums würde der hinterste Prämolarzahn eine zweigipflige Aussenwand besitzen wie Adapis bei den Galagonina und bei Hapalemur.

wodurch die Verschiedenheit von Adapis mit vier Prämolaren noch viel grösser ausfallen würde. An dem vorliegenden Stück wage ich diesen Schluss indess noch durchaus nicht zu ziehen, da die gedachte Alveolarspur doch dem Foramen infraorbitale sehr nahe liegt und also, wenn sie einem Eckzahn angehören sollte, auf einen ausserordentlich kurzen Gesichtsschädel hinweisen würde.

Endlich möge noch erwähnt werden, dass ausser dem in Fig. 2 dargestellten Stück auch noch einzelne Oberkieferzähne von Caenopithecus zum Vorschein gekommen sind, welche zu keinen weiteren Bemerkungen Anlass geben. Immerhin geben sie der Hoffnung Raum, dass schliesslich Unterkieferzähne auch noch zum Vorschein kommen mögen.

Adapis Duvernoyi.

Mit dem bestimmten Genus-Namen Adapis glaube ich dagegen einige fernere Funde in Egerkingen bezeichnen zu dürfen, welche z. Th. in der beiliegenden Tafel Fig. 3 und 4 abgebildet sind. Es sind drei Oberkieferstücke, von welchen das eine drei Zähne enthält, wovon die zwei hinteren Molaren sind, der vorderste ein Prämolar; das andere enthält denselben hintersten Prämolarzahn und den vordersten Molar; das dritte ist wiederum der hinterste Prämolarzahn.

Das ausgedehnteste Stück, das drei Zähne, nebst dem Umriss von M. 3 enthält, ist kaum vollständiger als das vor 26 Jahren dargestellte Stück von Caenopithecus. Was die noch anhaftenden Theile vom Gaumen und vom Jochbogen anbetrifft, so verhalten sich dieselben sehr ähnlich wie bei Fig. 1 von Caenopithecus. Höchstens dass der Jochbogen etwas tiefer als bei diesem, unmittelbar über M. 2 entspringt. Auf seiner Innenseite liegt ihm aber wie dort (und wie bei Propithecus) ein abgeplatteter niedriger Alveolarfortsatz des Oberkiefers an, auf dessen Oberfläche eine seichte Rinne für die Infraorbitalgefässe verläuft.

Die drei Zähne des Stücks Fig. 3 messen in Gesammtheit an Länge 14 mm. M. 2 ist der grösste Zahn, auch grösser als M. 3, und hat für sich $5\frac{1}{2}$ mm Länge und 7 mm Breite; nach vorn nehmen diese Maasse successive ab. Ihr Umriss ist also durchweg breiter als lang und bildet ein schief nach hinten und innen verschobenes Parallelogramm. Sie sind also schiefer gestellt als bei Caenopithecus und unterscheiden sich von diesem sofort dadurch, dass alles daran abgerundet erscheint, mit weichen gewölbten Flächen, während bei Caenopithecus alles scharf und kantig ist.

Im wesentlichen entspricht sonst der Zahnbau demjenigen von Adapis und Caenopithecus. Die Zähne besitzen eine zweigipflige Aussenwand und zwei Innenhügel, von welchen der vordere durch eine halbmondförmig gebogene Kante mit den beiden Aussenhügeln in Verbindung gesetzt ist, während der hintere Innenhügel nur als ein wesentlich einem starken Basalkranz zugehöriger Appendix erscheint. Auf dem Vorderrand des Zahnes oder auf dem vorderen Theil der eben genannten Halbmondkante steht wiederum eine kleine Zwischenknospe.

Immerhin ist hiebei zu betonen, dass an den in Rede stehenden Zähnen der hintere Innenhügel im Vergleich zu dem vordern um Merkliches bedeutender ist als bei Caenopithecus, so sehr dass er nur durch etwas geringere Höhe hinter dem hauptsächlichen Innenhügel zurücksteht. Dies bringt diese Zähne denjenigen von Adapis aus den französischen Fundorten und auch unter lebenden Thieren mancher Maki's, wie Propithecus, oder auch den Brüllaffen um Merkliches näher als bei Caenopithecus. Hiezu kömmt, dass, wiederum verschieden von Caenopithecus, der hinterste Prämolarzahn eine deutlich zweigipflige Aussenwand besitzt, wenn auch die beiden Gipfel ungleich, der hintere kleiner, und mit einander mehr oder weniger verschmolzen sind, wie dies etwa auch unter den lebenden Galagonina vorkommt.

Das Alles, vornehmlich aber der auch ohne alle Abnützung auffällig abgerundete Charakter aller Hügel und die rundliche Ausbuchtung aller Vertiefungen der Kaufläche lässt die Fossilien mit den im Bau sonst ähnlichen von Caylux, die mir in ziemlicher Anzahl und in verschiedenen Variationen von Grösse (Adapis magnus, parisiensis u. s. f.) vorliegen, nicht identificiren. Namentlich kömmt dazu noch der Umstand, dass bei dem Fossil von Egerkingen alle Gipfel der Zahnkrone durch die Usur kleine rundliche Vertiefungen erhalten, wie ich dies an Adapis-Zähnen aus Caylux nirgends wahrnehme; wohl aber wiederholt sich dies bei dem Oberkiefer aus Barthélemy bei Apt, den Gervais in Fig. 8 Pl. 35 abbildet*); nur sind daselbst die Grössenverhältnisse der Zähne auffällig, indem der Prämolarzahn merkwürdig kurz und unter den Molaren M. 1 der grösste zu sein scheint. Sollten, wie Gaudry

---

*) Auch in der von Schlosser (Affen, Lemuren etc. des europäischen Tertiärs Taf. I Fig. 4) gegebenen Abbildung, die, obwohl zu Adapis parisiensis gezogen, dem Delfortrie'schen Palaeolemur entnommen scheint, ist diese Art von Usur deutlich gezeichnet. Die den Filhol'schen Arbeiten beigegebenen Zeichnungen sind leider für Détail des Gebisses durchaus ungenügend.

vermuthet, die Stücke aus Barthélemy (Aphelotherium) zu Adapis Duvernoyi (Palaeolemur Betillei Delfortrie) gehören, wovon mir nur der für das Gebiss wenig aus-
sagende Gypsabguss vorliegt, so könnte man schliessen, dass auch diese Species
von Adapis allerlei Grössenschwankung zeigt, so gut wie diejenige von Caylux. Da
nun an Grösse die Zähne aus Egerkingen so ziemlich in der Mitte stehen zwischen
Palaeolemur Betillei und dem von Gervais abgebildeten Oberkiefer aus Apt, so
wird es sich empfehlen, vor der Hand die Stücke aus Egerkingen mit dem nämlichen
Namen zu bezeichnen.

Phenacodus europaeus Rütim.

—

Trotz langer Bedenken stehe ich nicht an, mit diesem Titel, obschon er sich
nicht nur auf ein Genus, sondern auf eine ganze Abtheilung von Huftthieren bezieht,
(Condylarthra), die nach bisherigen Anschauungen auf America beschränkt sein
sollte, eine Anzahl von Zahnreihen aus Egerkingen zu bezeichnen, die mir vom
ersten Mal an, da ich derselben gewahr wurde, so fremdartig erschienen, dass ich sie
während der ganzen Sichtung der Sammlung stets wieder zur Seite legte, um ja
nicht etwa zu verfrühten Schlüssen geleitet zu werden.

Das vollständigste besteht aus einem Oberkieferstück mit den drei Molaren der
linken Seite. (Fig. 5. Auf der Tafel rechtseitig erscheinend, da eine Umkehrung
überflüssig schien.) Dazu kommt ein einzelner Backzahn, wahrscheinlich M. 2 der
rechten Seite (in der Abbildung Fig. 8 also linksseitig), ferner zwei Stücke (Fig. 6
und 7) der rechten Oberkieferreihe, beide mit M. 3 und 2, und endlich eine recht-
seitige Oberkieferreihe (in Fig. 9 als linksseitig erscheinend), die man als eine
Milchzahnreihe desselben Thieres anzusehen geneigt sein könnte.

Die Dimensionen der Zähne weisen auf ein Thier von geringer Tapirgrösse.
Ebenso, so fern er zu demselben Thier gehört, ein Humerus, der einem der Gebiss-
stücke angeklebt ist und einem Huftthier zwischen Dicotyles- und Tapirgrösse anzugehören scheint. An dem vollständigsten Stück, Fig. 5, beträgt die Länge der Molaren, am Aussenrand gemessen, insgesammt 30 mm, ungefähr 10 mm für jeden
einzelnen Zahn, obwohl M. 2 grösser ist als M. 3 und M. 1. Die Breite beträgt
am Vorderrand bei M. 3 und 2 15 mm, bei M. 1 13 mm.

Im Ganzen bilden die Kauflächen schief verschobene Vierecke, deren Aussenseite um Erhebliches länger ist als die Innenseite, deren Maass wegen der Abrundung nicht genau anzugeben ist. M. 2 übertrifft wie gesagt seine beidseitigen Nachbarn um Merkliches an Gesammtoberfläche. M. 3 ist im hintern Theil und auch in seiner Innenhälfte im Vergleich zu M. 2 etwas verkümmert. Die Abnutzung nimmt von M. 3 nach M. 1 zu.

In Bezug auf das Relief war es gewissermaassen schwer zu sagen, ob man, nach europäischen Anschauungen, einen Jochzähner oder einen Warzenzähner vor sich habe.

Immerhin halte ich es am Platz, der Beschreibung den Plan eines Jochzahnes zu Grunde zu legen,*) obgleich das Genus von Cope bunodont genannt wird. Vorerst tritt an dem Zahn eine deutliche Aussenwand ins Auge, welche sich in zwei starke conische Hügel erhebt, die unter sich durch eine starke Einschnürung, ohne Mittelfalte und ohne Zwischenknospe, getrennt sind. Die Gipfel der beiden Hügel werden frühzeitig von erst in der Längsrichtung verlaufenden, dann rundlich werdenden Usurstellen angegriffen, die bald in der Mitte zusammenfliessen.

Ebenso kann ein deutliches Vorjoch anerkannt werden, das aber zwei erst getrennte, aber bald confluirende Usurstellen — und also zwei mit einander verschmolzene Hügel trägt, von welchen der äussere längsgestreckt ist, so dass seine Usurstelle sich in Form einer langen Schleife bis an den Vorderrand der Aussenwand hinaufzieht. Der innere Hügel, selbstständiger, bildet den Hauptpfeiler des Vorjoches.

Ein Nachjoch in ähnlichem Sinne besteht nicht. An seiner Stelle finden sich zwei unter sich getrennte Hügel, deren Usuren auch erst sehr spät zusammenfliessen. Der äussere dieser Hügel, obwohl selbstständiger und conischer als der entsprechende Zwischenhügel des Vorjochs, erhält früh eine allmälig ein Dreieck bildende Usur, die sich nach und nach schleifenförmig nach dem Hinterrand der Aussenwand hinauszieht. Eine deutliche Kante, welche indes erst sehr spät zur Abnützung kommt, verbindet diesen Zwischenhügel mit dem Haupthügel des Vorjochs. Der hintere Innenhügel endlich steht durchaus isolirt und erhält seine selbstständige Usurstelle, die sich von früh an in den Basalkranz der Hinterseite des Zahnes fortsetzt, so

---

*) Ich denke mich hiebei auf die Gesichtspunkte über Hufthiergebiss stützen zu dürfen, die ich vor vielen Jahren in meiner vergleichenden Odontographie der Hufthiere Basel 1863, einlässlich behandelt habe, und die ja seither keine wesentlichen Einsprüche erfahren haben. Eine Wiederholung von damals Gesagtem darf ich mir also ersparen.

dass dieser hintere Innenhügel nicht etwa als gleichwerthig mit dem vordern erscheint, sondern lediglich als eine starke Erhebung des Basalrandes, wie es oben bei Caenopithecus beschrieben worden. Der Basalkranz zieht sich längs der ganzen Vorder-, Aussen- und Hinterseite des Zahnes hin und bildet namentlich an der Vorderseite und Aussenseite ein deutliches Gesimse, das um die beiden Hügel der Aussenwand (an M. 3 nur an deren Vordergipfel) eine grosse Stärke gewinnt und zur Bildung von Nebengipfeln, wie etwa bei der Lophiodontengruppe, geneigt ist.

M. 1 unterscheidet sich von dem Hauptzahn M. 2 nur durch etwas geringere Grösse und vor allem durch frühere Abtragung. An M. 3 ist offenbar die hintere Hälfte verkümmert, so dass statt der zwei hintern Hügel nur eine unregelmässige Kante das scheinbare Nachjoch vertritt.

Von vornherein unterscheidet sich dieser Plan des Zahnbaues von fast allem, was wir an altweltlichen Hufthieren kennen, dadurch, dass er sich nicht wie bei diesen auf eine Aussenwand mit zwei durch ein Querthal getrennten Querjochen reduciren lässt. Nur erstere ist unzweifelhaft da; selbst ein Vorjoch kann noch anerkannt werden, aber kein Querthal und kein Nachjoch, indem von den Elementen, die sonst dem Nachjoch zuzutheilen wären, der Innenhügel wesentlich dem Basalkranz angehört, und der Zwischenhügel durch eine Kante sich mit dem vordern Innenhügel in Verbindung setzt, welcher das Querthal schliesst. Es empfiehlt sich meines Erachtens, diesen Zahnplan, da es wichtig ist, ihn in seinen Modificationen mit denjenigen des Jochtypus oder des Zygodonten-Typus zu verfolgen, ebenfalls mit einem besonderen Namen zu bezeichnen, etwa mit trigonodont.*) Auf den

Zygodontie 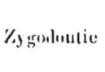    Trigonodontie

ersten Blick ist dabei ersichtlich, und dies war der Umstand, der mir von Anfang an diese Zähne in alle möglichen Zweifel einhüllte, dass schliesslich dies ja derselbe Plan ist, nach dem auch die Zähne von Caenopithecus gebaut sind, eine zweigipflige

---

*) Auf die mit Trigonodontie der Oberkieferzähne combinirte Modification der Unterkieferzähne wage ich hier nicht einzugehen, da ich fast ausschliesslich auf Abbildungen mich berufen konnte, die in solchen Dingen doch mit wenig Ausnahmen im Vergleich zu Originalien eine nicht sehr zuverlässige Hülfe bieten. Ich gebe zu, dass meine Erörterungen dadurch sehr erleichtert werden.

Aussenwand, ein einziger ächter Innenhügel, der durch eine Dreieckkante mit den beiden Enden der Aussenwand in Verbindung steht, und ein accessorischer Innenhügel auf dem Basalrand der Hinterseite. Trotz aller Erinnerung an das mindestens im Urtheil der Paläontologen so allgemeine Schwanken zwischen lemuroider und pachydermer Natur von Adapis u. dergl. war doch der Gedanke zu fremdartig, hier ein relativ grosses Thier, dessen Gebiss sich unwillkürlich als von einem Hufthier herrührend aufdrängte, mit demjenigen eines als affenartig erkannten in so wesentlichen Zügen übereinstimmen zu sehen. Für ein doch nach allem Anschein herbivores und Hufe tragendes Thier ziemte es sich also wohl, dem bekannten und treffliche Dienste leistenden Ausdrucke zygodont denjenigen von Trigonodontie gegenüberzustellen. Ob schliesslich dieser Ausdruck mit dem von anderer Seite eingeführten von «tritubercular» mehr oder weniger gleichwerthig sich herausstellen könnte, durfte wohl offen gelassen werden, da dies gar weiten Perspectiven Thür und Thor öffnete. Einstweilen und zunächst für den vorliegenden Fall erschien also der Ausdruck trigonodont gleichzeitig richtiger und unverfänglicher zu sein.

Was die scheinbare Milchzahnreihe (Fig. 9) betrifft, welche ich den oben beschriebenen Oberkieferzähnen beizähle, so besteht sie aus einem Kieferstück, das zwei trefflich erhaltene Zähne trägt, mit den Spuren von einem vorn und einem hinten anstossenden Zahn. Sie sind ebenfalls nach trigonodontem Plan gebaut und vom Gepräge der vorigen, nur dass sie bedeutend weniger breit, dafür aber in die Länge gestreckt erscheinen. Namentlich gilt dies für den vordern, der gleichzeitig dreieckig und dreiwurzlig ist, so dass diese zwei Zähne zu den vorhin beschriebenen, die mit aller Sicherheit als ächte Molaren zu deuten waren, in einem ähnlichen Verhältnisse stehen, wie die Milchzähne eines paarigfingrigen Hufthieres, z. B. eines Schweines, zu dessen Molaren; in solchem Fall müssten sie als erster und zweiter Milchzahn bezeichnet werden. Ihre Länge beträgt 11 mm für den hintern, 10 für den vordern Zahn; die Breite beträgt 12 mm für den hintern, 9 mm im Hintertheil des vordern Zahnes. Beide Zähne sind erst im Begriff, von der Usur angegriffen zu werden. An den hintern Zahn stösst die Spur eines abgebrochenen Zahnes, dessen Umriss breiter als lang zu sein scheint, und der in dieser Beziehung, wie in Bezug auf Grösse mit dem Umriss der oben als M. 1 dargestellten Zähne von Phenacodus gut übereinstimmt. An diese Alveole von M. 1 stösst weiter noch ein Abdruck von M. 2, und vor dem dreieckigen Vorderzahn dieses Oberkieferstückes ist noch die Alveole einer Wurzel eines vermuthlich sehr einfach gebildeten Zahnes sichtbar, so dass das Knochenstück die Spuren von fünf Zähnen an sich trägt, von welchen die hintersten breiter als lang waren, der vorderste dagegen vermuthlich so einfach gebildet war wie etwa die vordern Milchzähne eines Schweines.

Der normaler gebildete hintere Zahn, der entweder als hinterster Milchzahn oder als hinterster Prämolarzahn beurtheilt werden muss, entspricht, abgesehen von seinem viereckigen Umriss, an welchem sich freilich immer noch, wenn auch schwächer, die Kegelform der Molaren d. h. im Verhältniss zur Länge grössere Breite und viel grössere Länge an der Aussenseite als an der Innenseite wiederholt, in seinem Bau durchaus den Molaren. Zwei sehr kräftige, kantige Kegel mit niedrigem Zwischenkamm ohne alle Mittelfalte oder Mittelknospe bilden die Aussenwand. Von ihrem Vorder- und Hinterrand entspringen zwei schiefe Kanten, die sich nach einwärts zu einem sehr kräftigen, aber mehr dem vordern als dem hintern Hügel der Aussenwand gegenüberliegenden, ebenfalls kräftigen und kantigen Innenhügel vereinigen. Beide Zwischenkanten erheben sich unterwegs in Zwischenhügel, von welchen der vordere langgestreckt, der hintere selbstständiger und stärker ist. Ein zweiter aber niedrigerer Innenhügel wird gebildet durch Erhebung des gesimsartig am hintern Zahnrand laufenden Basalkranzes. Ein ähnliches Gesimse, aber ohne Hügel, umgiebt den Vorderrand des Zahnes, sowie den Aussenrand, wo er um dessen Vorderhügel eine stark vorspringende und in eine selbstständige Spitze sich erhebende Knospe bildet.

Der vordere Zahn, vorletzter Milch- oder Ersatzzahn, ist in die Länge gestreckt und in seiner hintern Innenhälfte verkümmert. Die Aussenwand, langggestreckt und vorn verstärkt durch eine sehr starke Knospe des Basalwulstes, bildet den Haupttheil desselben. Nach innen schliesst sich an dieselbe der regelmässig conische Innenhügel, durch eine Kante mit Zwischenhügel mit dem fast schneidenden Vorderhügel der Aussenwand verbunden. Der hintere Zwischenhügel ist verschwunden und auch der Basalkranz der Hinterseite bildet nur eine niedrige Simse, ohne sich in einen Innenhügel zu erheben. Durch die fast schneidende Aussenwand und den kegelförmigen Innenhügel erhält dieser Zahn eine Art omnivoren Gepräges und erinnert allerdings am ehesten an den zweitletzten Milchzahn eines schweineartigen Thieres. Immerhin ist wohl zu beachten, dass er also in seinem hintern Innentheil reducirt ist, und nicht etwa in dem vorderen, wie in dem Milchzahn der modernen Paarhufer. Noch zutreffender erscheint die Aehnlichkeit dieses Zahnes mit dem vordersten Oberkieferzahn, sei es Milch- oder Ersatzzahn, vom Tapir. Aber auch hiegegen spricht, abgesehen davon, dass nachweisbar der fossile Zahn nicht ein vorderster ist, der Umstand, dass beim vordersten Zahn des Tapir das Nachjoch ausgebildet und das Vorjoch unterdrückt ist. Eine durchaus zutreffende Parallele in der Art der Reduction findet sich dagegen, trotz der Verschiedenheit des Umrisses, in dem letzten Prämolarzahn von Propalaeotherium, Pachynolophus, Hyracotherium u. dgl., mit andern Worten der heterodonten Unpaarhufer, wenn gleich dieselben dem zygodonten und nicht dem trigonodonten Zahnplan folgen.*)

Aus allem diesem ziehe ich also den Schluss, dass das in Rede stehende Gebiss einem Unpaarhufer und nicht einem Paarhufer angehöre, und zweitens, dass an dem in letzter Linie besprochenen Oberkieferstück die zwei noch erhaltenen Zähne nicht Milchzähne, sondern als vorderster Molarzahn und hinterster Prämolarzahn zu beurtheilen seien. Hiemit stimmt überein, dass in Kronhöhe, Emailstärke, bestimmter Ausprägung des Reliefs u. s. f., worin sich sonst Dauerzähne und Milchzähne zu unterscheiden pflegen, die in Rede stehenden Zähne sich von den ihnen nebengestellten Molaren nicht im Mindesten unterscheiden.

Erst jetzt darf es sich darum handeln, unter schon bekannten Thieren die nächsten Parallelen aufzusuchen.

Der trigonodonte Zahnplan schliesst — mindestens in seiner typischen Durchführung, wie hier — von vornherein die Vergleichung mit irgend einem noch lebenden oder fossilen europäischen Hufthier aus, und zu Höckerzähnern oder gar Unguiculaten, wo ja nur Maki's und Insectivoren in Frage kommen konnten, waren ja nach der ganzen Erscheinung der in Rede stehenden Fossilien keine anderen als höchstens überaus entfernte Beziehungen anzunehmen, von welchen zunächst nicht die Rede sein durfte.

Viel näher liegt also, so fremdartig auch eine solche Vergleichung noch vor wenig Jahren hätte erscheinen müssen, die Fluth von Thieren, die uns durch die Entdeckung des tertiären Nord-America vor Augen gelegt worden sind. Neben dem in Europa bisher für Hufthiere als allgemein herrschend anerkannten Plan für Oberkieferzähne findet sich dort ja der eben beschriebene trigonodonte Plan überaus verbreitet, und zwar nicht nur bei Unguiculaten, sondern auch bei Thieren, über deren Hufthiernatur kein Zweifel walten kann.

Regel scheint er vor allem zu sein auch bei den americanischen Lemuriden und zwar sowohl bei den sogenannten Mesodonta als bei Prosimiae; allerdings, wie bei den noch lebenden altweltlichen Analogien, mit relativ klein- und scharfhöckrigem Relief, das von Zygodontie sehr weit entfernt scheint.**) In sehr ähnlicher Weise

---

*) Siehe Kowalewsky Anthracother. Pag. 204 u. f. und Taf. VIII.

**) Immerhin ist die Vergleichung der hier in Fig. 5—8 dargestellten Hufthierzähne aus Egerkingen etwa mit der auf gleiche Grösse gebrachten Abbildung der noch unabgetragenen obern Backzähne von Microsyops (Limnotherium) bei Leidy (Extinct Vertebr. Fauna of the Western Territories Pl. XXVII Fig. 20) sehr lehrreich.

aber auch bei Thieren, die von Cope als Insectivoren bezeichnet werden, wie etwa Esthonyx (Tertiary Vertebr. of the West Pl. XXIX c). Viel unerwarteter erscheint es — auch wenn man von irgend welchen Beziehungen zu vollständiger Trituberculie absehen will — denselben Plan auch bei Creodonta, und zwar angeblich sogar innerhalb eines und desselben Genus (Mioclaenus) in überaus mannigfaltiger Ausführung zu finden, d. h. von einem insectivoren und carnivoren Gepräge (Cope Pl. XXIV g, XXV e f, LVII f) bis zu einem solchen, das sich von dem von Hufthieren nicht mehr unterscheiden lässt (Cope Pl. XXIV f Fig. 5 etc.).[*] Allgemeine Regel scheint ferner dieser Zahnplan zu sein für die von Cope als Condylarthra bezeichneten Hufthiere, obwohl Cope selber sich begnügt, pag. 384, denselben bunodont oder lophodont zu nennen, und zwar auch hier wieder bald mit einem merkwürdig an Insectivoren oder selbst Carnivoren erinnernden Gepräge, wie bei Anisonchus, Hemithlaeus, Haploconus u. dgl. (Cope XXV f), bald mit einem stumpfhöckrigen, das sich gelegentlich demjenigen von Zygodontie sehr annähert, wie bei Phenacodus, Protogonia, Meniscotherium etc. oder gar mit einem befremdlich vielwarzigen, wie bei Periptychus, Conoryctes u. s. f.

Aber auch bei Hufthieren gewöhnlicher, man möchte sagen europäischer Art, d. h. bei den Cope'schen Diplarthra, stossen wir nach den Darstellungen von Cope, wenn auch nur ausnahmsweise, auf diesen Plan bei einigen americanischen und zwar sowohl bei unpaar- als bei paarigfingrigen Formen. Unter den ersten lässt sich Ectocium (Cope XXV e), unter letztern Pantolestes (ebendas. XXIII d) namhaft machen.

Bevor wir auf diese so auffällige Verbreitung dieses Zahnplanes einen weiteren Blick werfen, wird es am Platze sein zu prüfen, wo sich die nächsten Parallelen zu den eben beschriebenen Egerkingerfossilien finden. An solchen scheint es denn auch unter den sogenannten Condylarthra nicht zu fehlen, obwohl gerade diese Abtheilung von Hufthieren bisher als ausschliesslich der Neuen Welt angehörig galt. Ausser Betracht fallen zwar dabei die von Cope aufgestellten Familien der Periptychiden und der Meniscotherien, wo die Trigonodontie wie eben angedeutet, durch starke Anklänge an Bunodontie und Lophodontie oder selbst Selenodontie im Sinne des ältern paläontologischen Sprachgebrauchs verwischt ist.

Ganz anders verhält es sich mit der Familie der Phenacodonten, mit welchen von vornherein die Egerkinger-Zähne schon nach ihrer Grösse und nach ihrer

[*] Allerlei Verdacht ist daher wohl mit Recht schon von verschiedenen Seiten geäussert worden, so von Marie Pavlow Hist. paléontol. des Ongulés I, pag. 15 etc.

deutlichen Hufthier-Physiognomie am meisten zu stimmen scheinen. Aber auch das Wesentliche, das Détail des Zahnreliefs, wiederholen die Egerkinger-Zähne mit solcher Treue, dass, wenn irgend das Gebiss für sich als Führer gelten darf, die Zähne aus dem Bohnerz von Egerkingen solchen aus der Wasatchformation von Wyoming und aus den Puerco-beds von Neu-Mexico bis auf Détails, die in der Paläontologie als Merkmale für Genus und Species dienen, näher stehen, als etwa innerhalb der americanischen Condylarthra unter sich das Gebiss von Periptychus demjenigen von Hemithlaeus oder Haploconus u. s. f.

Führen wir die Vergleichung so weit durch, als es die von americanischen Parallelen vorhandenen Darstellungen erlauben, so fallen für die in Fig. 5—9 dargestellten Zähne zunächst das Genus Protogonia, und unter Phenacodus einige Species, wie Ph. puercensis und hemiconus ausser Betracht; schon durch geringe Grösse und viereckigen Umriss der Molaren. Schon etwas näher könnte in dieser Beziehung Ph. Wortmanni liegen, wenn nicht die davon gegebene Abbildung (Cope XXIX f) allerlei ernste Zweifel über die Zugehörigkeit zu dem Genus Phenacodus aufkommen liesse.*) Bei zwei anderen Formen aber, bei der grössten, Ph. primaevus (Cope LVII b) und bei Ph. calceolatus (XXVI g) geht die Aehnlichkeit selbst aller Détails des Gebisses so weit, dass ich nicht anstehen kann, den Zähnen aus Egerkingen den Genus-Titel ihrer americanischen Parallelen zu geben, und sie also Phenacodus europaeus zu heissen.**)

Mit diesem Ergebniss, das an sich wichtig genug erscheint, wird es einstweilen nöthig sein, sich zu begnügen. Da von der europäischen Form vorläufig nur das Gebiss, und sogar nur dasjenige des Oberkiefers vorliegt, während von dem am nächsten stehenden americanischen das vollständige Skelet bekannt ist, so möchte es sogar überflüssig erscheinen, auf die etwaigen Unterschiede in letzterem noch besonders aufmerksam zu machen. An eine Uebereinstimmung bis auf die Détails von Species kann ja von vornherein kaum gedacht werden. Die Vergleichung der Abbildungen legt dies auch genugsam an den Tag. An Grösse stehen sich zwar die europäische Form und der nach Cope über die gesammte Ausdehnung der

---

*) Wie auch schon von Marie Pavlow geurtheilt worden. a. a. O. pag. 29.

**) Eine Schwierigkeit in Bezug auf Phenacodus primaevus schafft freilich der Umstand, dass die ältere der von Cope davon gegebenen Abbildungen (Geogr. Survey West of the 100. Meridian, 1874. Pl. XLV) mit der später gegebenen (Tertiary Vertebr. of the West 1884. Pl. LVII b) nicht in Uebereinstimmung zu bringen ist. Dafür stellt die nämliche Tafel XLV aus dem Jahre 1874 zwei einzelne Zähne von zwei ferneren Arten von Phenacodus dar, Ph. omnivorus und sulcatus. Fig. 6, 7, welche wiederum mit dem letzten Backzahn aus Egerkingen die überraschendste Aehnlichkeit zeigen.

Wasatchformation und namentlich in Nord-Wyoming reichlich vertretene Phenacodus primaevus sehr nahe. Am auffälligsten ist der Unterschied in dem allgemeinen Umriss der Zähne; obwohl derselbe und namentlich für die Molaren bei beiden Arten von innen und hinten nach aussen und vorn schief verschobene Vierecke bildet, so überragt an den Egerkinger-Zähnen der Querdurchmesser den Längsdurchmesser, und wieder die Länge der Aussenseite diejenige der Innenseite um Beträchtliches mehr als an denjenigen von Phenacodus primaevus. Bei andern americanischen Arten, wie calceolatus, ist indes die Egerkinger-Form treu wiederholt, und für M. 3 ist die diesem Zahn zukommende Reduction in seiner Hinterhälfte bei allen von Cope aufgestellten Phenacodus-Arten überraschend ähnlich wie in Egerkingen. Bei Phenacodus primaevus scheint ferner, obwohl die Trigonodontie überaus deutlich durchgeführt ist, die Basalknospe der hinteren Zahnhälfte dem vordern oder ächten Innenhügel wohl ebenbürtiger ausgebildet als in Egerkingen; aber auch dieser Unterschied wird wieder ausgeglichen durch die Mehrzahl der übrigen americanischen Condylarthra, und unter Phenacodus durch mehrere Arten, wie Ph. puercensis, hemiconus etc. Von Wichtigkeit ist namentlich auch die grosse Uebereinstimmung zwischen den europäischen und den americanischen Formen in der Gestalt der zwei auf den ersten Blick so viel an Milchzähne erinnernden hintersten Prämolaren. Das Ergebniss geht also dahin, dass zwar die Zähne von Egerkingen mit keiner einzelnen der americanischen Phenacodus-Arten in näherer Beziehung stehen als mit den andern; dass aber umgekehrt, sofern überhaupt Phenac. Wortmanni ausser Betracht gesetzt wird, sich an den Zähnen von Egerkingen bei durchaus gleichem Bauplan mit Phenacodus, auch für die kleinen Détails seiner Ausführung sich nicht ein einziges Merkmal nennen liesse, das sich nicht in treuer Wiederholung, sei es bei der einen, sei es bei der andern unter den americanischen Phenacodus-Art wiederfände. Wenn irgendwie das Gebiss in derartigen Fragen als Führer gelten darf, so melden also die Zähne von Egerkingen an, dass daselbst das Genus Phenacodus und hiemit die bis jetzt der Neuen Welt ausschliesslich zugewiesene Gruppe der condylarthren Huftiere nicht fehle.

Protogonia.

Erst nachdem mit dem Nachweis eines den Zahnplan der Phenacodonten mit so grosser Treue wiederholenden Huftthieres im europäischen Eocen das Eis gebrochen war, das für ältere Anschauungen immer noch den Gedanken an ein etwaiges Zusammenfliessen selbst von anscheinend so alten Formen von Säugethieren Alter und Neuer Welt mit allen möglichen Bedenken umgab, durfte ich es wagen, noch für einige weitere Ueberreste aus Egerkingen, die ebenfalls in einer sonst europäischen Fauna vollkommen fremdartig erschienen und daher immer und immer wieder bei Seite gelegt worden waren, auch unter americanischen Gestalten ähnlichen Alters mich umzusehen.

Leider sind dieselben bis jetzt ausserordentlich ärmlich und bestehen aus ganz vereinzelten Zähnen. Sie mussten also zu vervielfachter Vorsicht auffordern, wenn sich an dieselben Schlüsse von so grosser Verantwortlichkeit anknüpfen konnten. Auch gestehe ich gerne, dass ich trotz fortwährender Rückkehr zu der nämlichen Schlussfolgerung nach immer neuer Prüfung noch gegenwärtig es kaum gewagt hätte, etwas davon verlauten zu lassen, wenn nicht Angesichts des mir nicht mehr als anfechtbar erscheinenden Ergebnisses mit Phenacodus gerade dessen Tragweite aufgefordert hätte, andere Beobachter durch Mittheilung dieser Funde zum Miturtheilen aufzufordern.

Das eine Stück besteht aus einem einzigen obern Backzahn, Fig. 10, 10 a der beiliegenden Tafel, der sogar durch Abfallen des Schmelzblattes der Aussenwand verletzt ist. Er ist von annähernd viereckiger Gestalt, mit 10 mm Länge der Aussenwand und ungefähr gleichem Querdurchmesser am Vorderrand. Die Länge der Innenseite ist indes erheblich geringer als aussen und ebenso der Hinterrand weniger breit als der vordere. Der Umriss ist also etwas kegelförmig, etwa in dem Grade wie bei dem oben beschriebenen hintersten Prämolarzahn von Phenacodus aus demselben Fundort. Im Allgemeinen wird man den Zahn seiner Gestalt nach als einen vordersten Molaren oder als einen hintersten Prämolarzahn anzusehen haben, vielleicht auch, obwohl weniger wahrscheinlich, als einen mittleren Molarzahn.

An der Kaufläche ist der Charakter von Trigonodontie noch viel schärfer und unverhüllter ausgeprägt als an irgend einem der Phenacodus-Zähne aus Egerkingen. Dies allein ermuthigte denn auch nicht nur, sondern drängte immer neu dahin, den Gedanken an eine Beziehung zu Zygodonten, die sonst weitaus den grössten Theil der Egerkingerfauna ausmachen, aufzugeben. Die Aussenwand, in ihrer Aussenseite leider unbekannt, trägt die gewöhnlichen zwei Aussenhügel. Einwärts legen sich an sie zwei unter sich fast gleichwerthige Zwischenhügel mit scharf aufragender Spitze und etwas ausgehöhlter Oberfläche, die an dem vordern derselben sogar eine schwache Mittelfirste und zwei kleine Seitenknospen trägt. Noch weiter einwärts und die Form der Zwischenhügel wiederholend, nur viel stärker, liegt der das Dreieck von Aussenwand und Zwischenhügeln vervollständigende Innenhügel, ebenfalls mit einer etwas concaven und mit einer stärkern Mittelrippe versehenen Oberfläche. Die Art der Aushöhlung dieser drei Hügel erinnert an die leicht concaven Halbmonde der oberen Molaren von niedrigzähnigen Wiederkäuern, wie etwa Palaeomeryx u. dergl. Da der Innenhügel, der an einem zygodont gebauten Zahn sonst dem Vorjoch desselben entsprechen würde, durch eine gleich hohe Kante sowohl mit dem vordern als mit dem hintern Zwischenhügel in Verbindung steht, so ist also von einem Querthal nicht zu reden. Nichts desto weniger wird ein zweiter Innenhügel, scheinbar ein Nachjoch, aber viel niedriger als der vordere Innenhügel, und auch weit hinter ihm zurückstehend, dadurch gebildet, dass der Basalkranz der Hinterseite sich nach einwärts zu einer besonderen Spitze erhebt. Am Vorderrand des Zahnes bildet der Basalkranz nur eine wenig vorstehende Sinse; an der Innenseite fehlt er ganz; vermuthlich wird er sich dagegen um die Aussenseite herumgezogen haben.

Trotz identischer Anlage im Ganzen ist also dieser Zahn von demjenigen von Phenacodus merklich verschieden. Am meisten entspricht er dem in Fig. 9 dargestellten hintersten Prämolarzahn. Aber auch von diesem weicht er insofern ab, als an dem Einzelzahn Fig. 10 die drei einwärts der Aussenwand das Dreieck der Kaufläche bildenden Spitzen unter sich an Gestalt sehr gleichförmig sind; nur an Grösse ragt der Innenhügel über die Zwischenhügel vor — während bei dem Phenacodus-Zahn die Zwischenhügel eine viel untergeordnetere Rolle spielen und auch an Gestalt von dem Innenhügel merklich abweichen.

Unter Zygodonten scheint mir auch für diesen Zahn jegliche Vergleichung ausgeschlossen. Lediglich könnte die Frage aufgeworfen werden, ob dessen Trigonodontie nicht etwa eine scheinbare und nur durch Verkümmerung eines Nachjoches entstanden sein möchte. Man muss ja zugeben, dass unter ächten Jochzähnern bei heterodonten Unpaarhufern hie und da an Prämolaren ein Bild entsteht, das mit Trigonodontie grosse Aehnlichkeit hat, wie schon ein Blick auf die lehrreiche Kowalewsky'sche Tafel VIII genugsam zeigt. Namentlich könnte ja etwa der hinterste Prämolarzahn von Propalaeotherium (Fig. 3 der genannten Tafel) in solchem Licht erscheinen.

Glücklicherweise bietet Egerkingen Anhaltspunkte genug, um dies gänzlich abzuweisen, da gerade Propalaeotherium und eine ganze Anzahl von verwandten Formen, die ich in späteren Nachträgen zu der Fauna von Egerkingen hoffe bekannt machen zu können, daselbst reichlich und zum Theil in vorzüglich erhaltenen Zahnreihen vertreten sind. Da ergab sich dann leicht, was übrigens auch die Abbildungen bei Kowalewsky ausser Zweifel lassen, dass auch an P. 1 dieser Thiere trotz der Unterdrückung des Nachjochs die Zygodontie nicht im Mindesten verwischt ist; dass ferner die Zwischenhügel und insbesondere der hintere derselben, sofern von solchen überhaupt geredet werden kann, eine untergeordnetere Rolle spielen, und dass der hintere Basalwulst sich niemals zu einer so selbstständigen Innenspitze erhebt wie bei dem trigonodonten Zahnplan.

Hiebei drängt sich allerdings der Eindruck auf, dass durch Verstärkung dieses basalen Innenhügels bis zur Stärke des Vorjochs schliesslich aus trigonodonter Zahnanlage die Erscheinung von Zygodontie hervorgehen könnte, und dass sich dieser Uebergang an P. 1 unmerklicher vollziehen wird als an Molaren.*) Immerhin bleibt der in Rede stehende Zahn so sehr auf der vollen Höhe von Trigonodontie, dass es nicht denkbar scheint, ihn irgend einem zygodonten Hufthier zuzuweisen.

Auch für diesen Zahn, so gut wie für die vorher beschriebenen, wird man sich also unter ächten Trigonodonten umzusehen haben. Und auch hier bietet sich einstweilen die nächste Parallele in dem zwar bisher nur aus den Puerco-beds oder dem untersten Eocen von Neu-Mexico bekannten Genus Protogonia, wo an den beiden von Cope aufgestellten Arten ähnlich wie an dem Egerkinger-Zahn innerhalb eines so viel als quadratischen Zahnumrisses die Trigonodontie schärfer und symmetrischer durchgeführt ist als an irgend einer diesem Zahnplan folgenden Huftthierform. Obschon ein einziger Zahn noch nicht erlauben darf, eine Parallelisirung von solcher Tragweite bis ins Einzelne durchzuführen, mag es sich also doch rechtfertigen, sei es auch nur, um die Vertretung so exquisiter Trigonodontie sowohl in

*) Pachynolophus in Kowalewsky's Tafel VIII Fig. 8 legt dies deutlich an den Tag. Ueber dieses Genus, das in Egerkingen ziemlich gut vertreten ist, werde ich mit der Zeit allerlei mittheilen können.

America als in Europa scharf zu markiren, vor der Hand dem Zahn aus Egerkingen etwa den Titel Protogonia Cartieri beizulegen. Eine weitere Vergleichung mit den aus America bisher bekannt gewordenen Arten ist vollkommen überflüssig; höchstens mag bemerkt werden, dass bei Protogonia subquadrata Cope (Pl. LVII f Fig. 11) die Trigonodontie schärfer durchgeführt ist als bei Prot. plicifera (Pl. XXV f Fig. 2). Die erstere Art würde also mit der Egerkingerform mehr übereinstimmen als die letztere.

Meniscodon.

Vollkommen ähnliche Schwierigkeiten wie der eben besprochene Einzelzahn bereitet ein fernerer, der in Fig. 11 dargestellt ist. Wie dieser ist es ein allem Anscheine nach von einem Hufthier, etwa von Schweinsgrösse, herrührender Oberkieferzahn, zu welchem bisher ebenfalls kein zugehöriger fernerer Zahn weder des Ober- noch des Unterkiefers zu finden war. Trotz immer neuer Prüfung liess sich auch dieser mit keiner einzigen europäischen, und sogar mit keiner bestimmten americanischen Zahnform in Verbindung bringen, daher ich mich entschliessen musste, ihn wiederum, sei es auch nur um ihn den Fachgenossen vorzulegen, mit einem bestimmten Namen zu bezeichnen. Nur so viel stand von vornherein fest, dass auch dieser Zahn sich lediglich in das Bild von Trigonodontie einreihen lasse, und nicht etwa in dasjenige von Zygodontie. Er ist unverletzt und von ähnlicher Grösse und allgemeiner Form wie der vorige. Länge der Aussenwand, sowie grösster Querdurchmesser 10 mm. Nur ist der Querdurchmesser am Hinterrand um ein sehr Geringes grösser als am Vorderrand. Er gehört (im Original) der linken Oberkieferreihe an.*) Er trägt zwei Wurzeln an der Aussenseite, eine sehr breite einwärts,

*) Beiläufig mag bemerkt werden, dass der Zahn von blauschwarzer Farbe ist, während die bisher besprochenen rostbraun sind. Er stammt also aus den blauen Mergeln, wovon die Juraspalten oft gefüllt sind, nicht aus den lockeren Bohnerzausfüllungen. Ein Beleg, dass diese Fremdlinge gleichmässig unter den Fossilien europäischen Gepräges zerstreut sind. Eine andere stratigraphische Lage ist damit nicht im Mindesten angedeutet, da sehr oft die Ueberreste einer und derselben Species hier aus dem Mergel stammen und dann schwarz und glanzend sind, dort aus dem Bolus und also roth und mehr oder weniger von Verwitterung angegriffen sind.

und wird also vermuthlich wieder als hinterster Prämolar zu deuten sein, höchstens etwa noch als vorderster Molar. Der Gedanke an einen Milchzahn ist ausgeschlossen.

In seiner Anlage ist der Zahn dem vorhin beschriebenen überaus ähnlich und enthält dieselben Elemente. Eine Aussenwand aus zwei ziemlich scharfen und hohen Spitzen, die von einander tiefer getrennt sind als etwa bei Phenacodus. Zwei kleinere Zwischenhügel und einen stärkeren Innenhügel, welche unter sich und mit der Aussenwand das Dreieck der Kaufläche bilden. Rings um den Zahn, mit Ausnahme der Innenseite, einen Basalkranz, der an der Hinterseite am stärksten ist und daselbst in eine freie Spitze ansteigt, die sich zu dem Innenhügel genau gleich verhält wie bei den bisher besprochenen Zähnen. Der Unterschied von dem als Protogonia bezeichneten Zahn besteht nur darin, dass die Kanten, welche die Zwischenhügel begrenzen, halbmondförmig gebogen sind, in schwächerem Maasse sogar diejenigen, welche den Innenhügel und den accessorischen Basalhügel begrenzen. Die Usur hat bis jetzt, wie dies ja im Beginn derselben die Regel ist, nur die vordere Hälfte des Zahnes auf den Kanten und Spitzen angegriffen. Die hintere Hälfte ist davon noch unberührt.

In vollkommen zutreffender Weise kann meines Erachtens diese Modification dadurch bezeichnet werden, dass man sagt, dass gewissermassen hier der Versuch vorliege, die Oberfläche einer trigonodonten Zahnkrone bis zur Selenodontie weiterzuführen; die bei Phenacodus und Protogonia noch mehr oder weniger flachen oder leicht concaven und daher von der Abnutzung bald in Beschlag genommenen Oberflächen der Zwischen- und Innenhügel vertiefen sich, und man sieht voraus, dass diese beginnende Einstülpung schliesslich bei Verlängerung des Zahnkörpers bis zur Markenbildung führen könnte, so gut wie die aus Jochzähnen abzuleitende Selenodontie von Hirschen schliesslich zu der exquisiten Markenbildung an Schafen und Rindern führt, oder an Imparidigitaten die leichten Vertiefungen der Kaufläche von Propalaeotherien und Palaeotherien bis zu der Markenbildung von Pferden weiter schreiten.

Eine so zutreffende Parallele unter americanischen Trigonodonten, wie sie für die unter dem Namen Phenacodus und Protogonia beschriebenen Egerkinger-Zähne sich vorfand, vermag ich für den in Rede stehenden Zahn nicht namhaft zu machen. Immerhin, sofern ich die von Cope gegebenen Abbildungen sowie deren Beschreibung nicht missverstehe, scheint an dem der Wasatchformation angehörigen Meniscotherium, obwohl mit anderem Ergebniss, eine ähnliche Modification des trigonodonten Zahn-

typus vorzuliegen (Cope, Tert. Vert. of the West Pl. XXV f Fig. 12 und XXV g
Fig. 1, 2*): Cope, West of the 100. Meridian Pl. LXVI Fig. 18 a). Nicht etwa
in der Aussenwand, die bei dem Egerkinger-Zahn ja noch aus zwei einfachen Spitzen
besteht, an Meniscotherium aus sattelförmig gebogenen Blättern wie etwa bei Propalaeotherium; — allein an den Zwischenhügeln und theilweise an den Innenhügeln
scheint nach Bild und Wort (pag. 386, 494) Halbmondbiegung zu herrschen und
zwar combinirt mit viel weiter gehender Verlängerung des Zahnkörpers oder
Säulenbildung als bei dem Zahn von Egerkingen.

Lediglich um anzudeuten, dass auch an europäischen Trigonodonten sich also
Spuren von Selenodontie einfinden können, möchte ich daher vorläufig den in Rede
stehenden Zahn meniscodont nennen, ein Ausdruck, dem ja leicht, wenn sich
wirkliche Selenodontie als aus Trigonodontie hervorgegangen des Weitern sollte bestätigen lassen, der Ausdruck selenodont als parallel entgegengestellt werden könnte.

Die Frage, ob solche Meniscodontie ähnlich wie Selenodontie sich etwa mit
Paarigfingrigkeit verbunden haben möchte, kann hier nur angedeutet werden. Vor
der Hand hat der aus Egerkingen herrührende Zahn Fig. 11 mit dem in Fig. 10
dargestellten so viel Aehnlichkeit, dass ich nicht wagen würde, aus der trotzdem
vorhandenen Modification auf so grosse Verschiedenheit im Bau des Skeletes zu
schliessen, wie er nach den bisherigen Erfahrungen zwischen Imparidigitaten und
Paridigitaten herrscht.

— — ---

Nach Beschreibung der als so befremdlich befundenen Zuthaten zu der Fauna
von Egerkingen, welcher nach den früheren Mittheilungen höchstens durch die Anwesenheit von Caenopithecus und von Proviverra ein eigenthümliches Gepräge ver-
liehen worden, kann es nicht wohl vermieden werden, an dieselben einige allgemeinere Fragen zu knüpfen. Bei aller Aermlichkeit und Spärlichkeit dieser Funde,
und bei aller Kleinlichkeit, die der Darstellung solcher Détails anzuhaften scheint,
kommt doch denselben eine zu grosse Tragweite zu, sobald wir uns nach deren

---

*) Die von Marie Pavlow a. a. O. Fig. 12 a gegebenen Abbildungen, deren Quelle mir un-
bekannt geblieben ist, vermag ich meinerseits mit den citirten Darstellungen von Cope nicht in
Einklang zu bringen.

Rolle in der bisher bekannten Thierwelt umsehen. Ist doch dadurch für die europäische Eocenperiode ein Zahnbau an den Tag gebracht worden, der in solcher Durchführung, d. h. in einer Form, die auf Hufthiere schliessen lässt, in der Alten Welt bisher weder bei fossilen noch bei lebenden Geschöpfen bekannt war, und der im Eocen der Neuen Welt, wo er allerdings nicht fehlt, combinirt sein sollte mit Merkmalen des Bewegungsapparates, der sogenannten Condylarthrie, die wiederum nach den bisherigen Angaben in Europa weder an fossilen noch an lebenden Hufthieren eine Parallele finden sollte.

Zunächst konnte zwar dies in die Categorie der sich immer mehrenden und allerdings für die Frage nach Quellen von Thierverbreitung genug bedeutsamen Zahl von anderweitigen Belegen von allerlei Uebereinstimmung gerade zwischen den in die älteste Tertiärzeit hinaufreichenden Säugethierfaunen Alter und Neuer Welt gestellt werden.

Erhöht wurde aber die Tragweite des Befundes dadurch, dass zwar nicht ein identischer, aber doch ein Zahnbau, der mit dem solchen Hufthieren eigenthümlichen allerlei kaum als nebensächlich zu taxirende Aehnlichkeiten aufwies, auch unter allerlei Unguiculaten, wie Halbaffen, Insektenfressern, Fleischfressern, Beutelthieren Alter und Neuer Welt bekannt war; und zwar nicht nur bei noch lebenden, sondern auch bei fossilen, ja bei letztern allem Anschein nach um so unverhüllter, je ältern Perioden dieselben angehörten.

Es war daher begreiflich, dass bald von verschiedenen Seiten die Vermuthung laut wurde, dass alle diese Fälle auf eine gemeinsame Quelle deuten könnten, aus welcher ein starker Betrag ausgestorbener und noch lebender Thierwelt den besondern Typus ihrer Zahnausrüstung geschöpft hätte. Die noch nicht erloschenen Vertreter dieser Typen, wie Maki's, Insektenfresser, manche Beutelthiere konnten so als Ueberreste erscheinen, welche ein altes Erbthum am treuesten bewahrt hätten, und es schien damit auch deren auffällige geographische Isolirung auf vereinzelte Punkte eines zwar grossen Gesammtraumes zu stimmen. Für Familien von anderem Zahngepräge galt es also nachzusehen, in wie weit dasselbe etwa doch auch von einer solch gemeinsamen Quelle herzuleiten sei; und es fehlte nicht an Versuchen, solche etwaige Beziehungen durch allerlei Descendenzlinien zu veranschaulichen.[*])

---

*) Siehe hierüber Cope Vertebrata of the West 1884, M. Schlosser Beiträge zur Stammesgeschichte der Hufthiere 1886 und im Anschluss hieran Neumayr Erdgeschichte 1887. Marie Pavlow Histoire paléontologique des Ongulés en Amérique et en Europe 1887.

In so weitem Umfang auf solche Fragen einzugehen, ist keineswegs meine Absicht. Die Paläontologie ist in derartiger Bewegung, dass jeder Tag neue Thatsachen bringt, und mehr als je ist es dringlich geworden, auf Merkmale des Gebisses nicht zu voreilig allgemeinere Schlüsse zu bauen. Die so oft aufgeworfene und je nach den vorliegenden Materialien so verschieden beantwortete Frage, ob das Gebiss oder das Skelet zuverlässigere Auskunft über das Ganze eines Thieres bieten, schmilzt von selber dahin, seitdem America in immer grösserem Luxus für fossile Thiere eben alles bietet, was von Fossilien zu bieten ist. Je länger je mehr sind wir in Europa darauf angewiesen, für Thiere, deren Gebiss wir kennen, alle weitere Auskunft aus America abzuwarten.

Gerade in der Absicht, die berührten Fragen doch innerhalb absehbarer Schranken zu halten, habe ich denn auch bisher den Ausdruck Tritubercul ie, der für sogenannte Bunodonten oder Creodonten ganz passend sein mag, vermieden, und für Hufthiere den wohl in mehr als einer Hinsicht zutreffendern von Trigonodontie vorgeschlagen.*) Ohne in Abrede zu stellen, dass vielleicht dereinst Trigonodontie sich als eine Modification von Trituberculie herausstellen könnte, wodurch dann allerdings auf die sonderbaren Analogien in dem Gebiss mancher Maki's und Insektenfresser mit demjenigen gewisser Pachydermen allerlei Licht fallen würde, begnüge ich mich daher lieber mit einem kleinen Ueberblick über die Beziehungen von Trigonodontie zu dem bei der grossen Mehrzahl der Hufthiere herrschenden Plan von Zygodontie. Schon hievon mag ja doch für manche Discussionen innerhalb der Hufthiere sich mancher Gewinn ergeben.

Wie ich vor langer Zeit unter Gesichtspunkten, die ihre Geltung voll bewahrt haben, nachgewiesen habe**), sind die Hügel des Oberkieferzahns, von dem ja hier einstweilen allein die Rede sein kann, bei Hufthieren, fossilen oder lebenden, alt- oder neuweltlichen, fast ausnahmslos nach Querjochen, und zwar nach dem offenbaren Urplan nach zwei Querjochen vertheilt, die sich an eine longitudinal verlaufende Aussenwand anschliessen. Zwischen ihnen öffnet sich von innen her ein Querthal, das bis an die Aussenwand reicht. An der Bildung der Aussenwand betheiligen sich in der Regel zwei Hügel, an derjenigen der Querjoche je ein hauptsächlicher Innenhügel, zu welchem sich noch Zwischenhügel, sei es auf dem einen, sei es auf beiden

---

*) Ohne auf Einführung eines neuen Wortes Gewicht zu legen, wird dasselbe doch für die Vertheilung der Hügel eines Hufthier-Oberkieferzahns bessere Dienste leisten können als das Wort Condylarthrie für Vertheilung der Tarsalknochen.

**) Odontographie der Hufthiere 1863.

Querjochen, gesellen können. *) Als Grundplan ergäbe sich also die Zahl von vier in ein Quadrat gestellten Hügeln, wie auch an Unterkieferzähnen, obschon hier eine verbindende Längswand fehlt.

Mit dem Titel Trigonodontie scheint es also nicht unpassend, einen Zahnplan zu bezeichnen, wo an einem vollständigen Oberkieferzahn die Zahl der Haupthöcker auf drei beschränkt ist und wo dieselben so vertheilt sind, dass zwei derselben der Aussenwand von Zygodonten entsprechen, während vom Innenhügel ein einziger da ist, der geneigt ist, sich durch zwei schiefe Kanten mit den beiden Enden der Aussenwand in Verbindung zu setzen. Von einem Querthal ist also hier nicht zu

 Zygodontie   Trigonodontie

reden, oder wenn man ihm die Vertiefung zwischen den drei Kanten der Kaufläche vergleichen will, so ist dasselbe, wie M. Schlosser dies ausdrückte, durch den Innenhügel versperrt.

Hierin besteht aber eben das Merkmal, das nach der Abbildung von Cope die Mehrzahl seiner Condylarthra auszeichnet **) und dem Gebiss derselben eine für Hufthiere so befremdliche Aehnlichkeit mit dem Gebiss mancher Unguiculata giebt.

Hiebei versteht sich von selbst, dass diese Trigonodontie von Molaren wohl zu unterscheiden ist von der scheinbaren Trigonodontie, die durch Reduction sei es des vordern, sei es des hintern Innenhügels unter Hufthieren so häufig vorkommt. Letztere kann hier füglich ausser Betracht bleiben, da über deren Deutung und diagnostischen Werth seiner Zeit einlässlich gehandelt worden ist. ***) Wichtig ist es dagegen zu prüfen, ob die in geographischem Sinne anscheinend so eigenthümlich isolirte Trigonodontie von oberen Hufthiermolaren der sonst so allgemeinen Zygo-

---

*) Modificationen, meistens im Sinne von Vereinfachung, und zwar bis zum Grade der Kegel- oder Meissel- oder Schneidenform finden sich bekanntlich fast durchweg im vorderen aber auch im hintersten Theil der Zahnreihe. Die Frage, welche Zahnform bei solcher Polymorphie die ursprünglichere sei, kann hier bei Seite gelassen werden.

**) Allerdings mit Ausnahmen, wie etwa Phenacodus Wortmanni, vielleicht auch einige Periptychiden, was denn auch schon Marie Pavlow (a. a. O. pag. 29) zu dem Verdacht brachte, dass erstere Art von dem Genus Phenacodus auszuschliessen sei.

***) Odontographie der Hufthiere. Bilder genug bietet die bekannte Kowalewsky'sche Tafel VIII.

dontie so unvermittelt gegenüberstehe, oder ob nicht da oder dort sich Bindeglieder
zwischen diesen zwei Typen vorfinden möchten.

Von vornherein ist offenbar, dass das Auftreten von Zwischenhöckern, sobald solche zu grösserer Bedeutung gelangen, das typische Bild sowohl der einen
als der andern Zahnform trüben und verwischen kann. Ebenso ist schon im Vor-
hergehenden darauf hingewiesen worden, dass gerade bei den typischen Formen von
Trigonodontie der Basalrand der hintern Seite des Zahnes nach einwärts sich in
eine Spitze erhebt, die zwar hinter dem Haupthügel der Innenseite an Höhe zurück-
bleibt und sich auch nicht so weit vorschiebt, um nicht sofort als ein Gebilde des
Basalkranzes erkannt zu werden. Aber es ist leicht denkbar, dass, sobald dieser
accessorische Innenhügel dem vordern ebenbürtig werden und sich mit dem hintern
Zwischenhügel in Verbindung setzen sollte, sich dann ein Querthal zwischen beiden
Innenhügeln öffnen und also der Zahn in den zygodonten Plan übergeführt werden
könnte.

Es ist offenbar, dass so leise Modificationen sich in zuverlässiger Weise kaum
an Abbildungen, und selbst an Originalien nur an noch nicht abgetragenen und gut
erhaltenen Zähnen beurtheilen lassen. Ich darf es daher nicht etwa wagen, die
Gesammtheit der hier in Frage kommenden Thiere in Betracht zu ziehen. Für die
americanischen muss ich mich sogar mit sehr Wenigem begnügen. Unter Condylarthra selber scheinen Fälle beider eben berührten Arten, wo trigonodonte Anlage
sehr nahe an zygodonte Erscheinung streifen kann, nicht zu fehlen. Conoryctes
(C. XXIX d Fig. 4) kann für den einen Fall, Phenacodus puercensis (C. LVII f Fig. 8
— nicht aber in Fig. 12 von Tafel XXV e) für den andern als Beispiel dienen.

Unter den übrigen Hufthieren kommen selbstverständlich nur die Fälle in Betracht,
wo die Hügel der Zahnkrone noch nicht zu Jochen sich verbunden haben. Von den
Lophiodonten, den Palaeotherien, Pferden, und unter Paarfingern von den ächten Selenodonten darf also abgesehen werden. Ein Augenmerk verdienen alle noch mehr oder
weniger bunodonten Formen, wie Propalaeotherien, Hyracotherien, vielleicht auch die
Chalicotherien und unter Paarfingern Dichobunen und allenfalls die Schweine, obwohl hier die Höckerbildung noch in höchst primitiver Form herrscht. Vorwiegend
— und dies ist wohl nicht gleichgültig —, sind es also Gruppen, die geologisch weit
entlegenen Epochen angehören, oder solche, die allem Anscheine nach ihr Zahngepräge aus alten Zeiten beibehalten haben.

Ueber Propalaeotherien, die in Egerkingen ziemlich reichlich vertreten sind,
hoffe ich in einem fernern Nachtrag über diese Fauna manches Nähere mittheilen
zu können. Für den gegenwärtigen Zweck genügt es, aufmerksam zu machen, dass

wohl Propalaeotherium schärfer als irgend eine andere Hufthiergruppe gleichzeitig die nahe Beziehung zu Phenacodus, wie die trotzdem bestehende sehr typische Verschiedenheit davon vor Augen legt. Obschon Jochbildung bei Palaeotherium viel weiter durchgeführt ist, die Hügel der Kaufläche unter sich also mehr verbunden sind, so ist es schon auf ziemlich frühern Stadien der Abtragung schwer, Propalaeotherium-Zähne von typischen Phenacodus-Zähnen zu unterscheiden*) und man möchte den Unterschied als einen nur relativen bezeichnen. Aussenwand und Vorjoch verhalten sich bei beiden Genera überaus ähnlich; höchstens ist erstere bei Propalaeotherium mehr zu einer aus zwei blos durch eine Mittelleiste getrennte Facetten bestehenden «Wand» geschlossen, und am Vorjoch sind Zwischenhügel und Innenhügel continuirlicher zu einem Joch verbunden, an welchem der Innenhügel dominirt und dem Querthal vollkommen freie Oeffnung lässt. Wesentlich verschieden verhält sich das Nachjoch. Bei Propalaeotherium ist es vom Vorjoch nur dadurch verschieden, dass die Verbindung von Zwischenhügel und Innenhügel eine continuirlichere ist; aber der hintere Innenhügel ist dem vorderen vollkommen gleichwerthig, und der hintere Basalkranz windet sich um dessen Basis ohne Unterbrechung nach der Innenseite und Vorderseite des Zahnes herüber. Bei Phenacodus dominirt an dem scheinbaren Nachjoch der Zwischenhügel und verbindet sich durch eine schiefe Kante mit dem vordern Innenhügel, wodurch das Querthal gesperrt ist. Der hintere Innenhügel ist nur eine Knospe des hintern Basalkranzes.

Trotz dieser markanten Verschiedenheit kann man sich des Eindruckes nicht erwehren, dass es nur einer relativ geringen Verstärkung der Verbindung zwischen den Hügeln des Nachjoches, oder also eines kleinen Schrittes von der bunodonten Anlage bei Phenacodus zu dem zygodonten Plan bedarf, um das Nachjoch der erstern Form ihrem Vorjoche ähnlich zu machen und dann die Verbindung mit dem vorderen Innenhügel aufzulösen. Da des Weitern doch, wie etwa die Adapiden zu lehren scheinen, nicht nur die Zwischenhügel im Vergleich zu den Hügeln der Aussenwand und dem Innenhügel, sondern auch der hintere Innenhügel als etwas accessorisches erscheinen können, so öffnet sich also sogar, wenn auch in weiter Ferne die Perspective, aus einer tritubercularen Anlage allmählig einen Zahn mit mehr oder weniger compacter Aussenwand und zwei nicht weniger compacten Querjochen hervorgehen zu sehen.

Hiemit würde allerdings auf die verwirrende Aehnlichkeit zwischen dem Gebiss von Palaeolemuriden und verwandten Thieren mit Zygodonten und Lophodonten im

---

*) Dazu zähle ich namentlich die grösseren Formen, wie Phenacodus primaevus, calceolatus und auch die Egerkinger-Form.

8

vollen Sinne des Wortes ein überraschendes Licht fallen, und würde es sich nur noch darum handeln, die Zwischenstufen für die einzelnen Linien aufzudecken.

In diesem Lichte würde des Weitern die wohlbekannte und durch Reduction des Nachjochs erklärte Trigonodontie der Prämolaren bei heterodonten Jochzähnern eine neue Bedeutung erhalten, und würden diese Zähne, wie dies Schlosser annimmt, nicht mehr als reducirte, sondern als noch nicht vollständige Molaren erscheinen. Dem würde also auch die Thatsache entsprechen, deren Nachweis ich seiner Zeit *) einlässlich geführt habe, dass an Prämolaren fast durchweg das Vorjoch eine wichtigere Rolle spielt als das Nachjoch. Eine sonderbare Ausnahme bleiben dabei nur noch die Fälle, wie Tapir, Nashorn etc., also im allgemeinen homoeodonte Thiere, wo aber an dem vordersten Prämolar so gut wie am vordersten Milchzahn das Nachjoch vorwiegt.

Die Vergleichung des Phenacodus aus Egerkingen mit den von demselben Orte herstammenden Propalaeotherien war ausreichend, um der ganzen Flucht von Schlussfolgerungen, die sich an die allgemeine Zahnform von sogenannten Condylarthra knüpft, allerlei Stützen zu bieten. Es müsste also von Interesse sein, auch noch anderweitige europäische Berührungspunkte mit der angeblich anatomisch und geographisch so isolirten Abtheilung der Condylarthra des Näheren zu prüfen. Die Egerkingersammlung verspricht hiezu allerlei Material, um so mehr als auch andere Hufthierformen, die bisher in America besondere Namen erhalten haben, wie Lambdotherium u. dgl. in Egerkingen nicht zu fehlen scheinen.

Die Tragweite der Folgerungen, die sich an die Auffindung von Bindegliedern zwischen Trigonodontie und Zygodontie knüpfen müssten, würde nicht nur verlohnen, sondern müsste in hohem Grade dazu auffordern, die Vergleichung dieser zwei Zahnpläne nicht etwa nur zwischen zwei unter sich so ähnlichen Formen wie Phenacodus und Propalaeotherium, sondern durch grössere Reihen, und für Zygodonten mindestens durch die primitiveren Gebissformen, d. h. also die heterodonten Imparidigitaten durchzuführen. Zudem müssten doch nicht nur, wie eben geschah, nur die ausgebildetsten Zähne des ganzen Gebisses, sondern gerade auch die einfachern, wie Prämolaren, und überdies die Unterkieferzähne mit in Betracht gezogen werden.

Handelt es sich doch dabei um allerlei sehr wichtiges: ob die beiden Zahnpläne getrennten Entwicklungsreihen angehören, oder ob dieselben irgendwo ineinander überfliessen; für welchen Fall schon jetzt sich die Perspective aufdrängt, dass wohl Trigonodontie sich als das Primitivere herausstellen würde. Hand in Hand würde sich dabei die ebenfalls weittragende Frage beigesellen, ob an polymorphen

*) Odontographie der Hufthiere pag. 42.

Zahnreihen — und wie ausnahmsweise steht Isodontie unter Säugethieren da! — complicirte Zahnformen aus einfachen hervorgegangen oder umgekehrt. Noch Bedeutsameres würde ja dabei — von Fragen, die wohl noch auf lange Zeit nur theoretischen Werthes sein werden, wie diejenige über etwaige Descendenzlinien von einer gemeinsamen Urform ganz zu geschweigen — im Hintergrund stehen: wie die Verbreitung von Trigonodontie im Thierreich, und deren etwaige geologische und geographische Ausdehnung sammt der etwaigen Beziehung zu sogenannter Tritubercnlie und derjenigen zu etwaigen Merkmalen im Skeletbau (Condylarthrie).

Das Alles sind ersichtlicher Weise Gebiete ausgedehntester Art, die sich hier nur andeuten lassen. Aber auch das in unmittelbarster Nähe Liegende, die Fortführung der Vergleichung des Zahnbaues der sogenannten Condylarthra mit demjenigen der wohl am nächsten stehenden Imparidigitata des europäischen Eocens sehe ich mich genöthigt, auf fernere Nachträge zu der Egerkinger-Fauna zu versparen, da mir dieselben Gelegenheit bieten werden, für eine Anzahl der sicher hiebei im ersten Vordergrund stehenden Formen, wie Hyracotherien, Pachynolophns u. dergl., Allerlei zu deren bisheriger Kenntniss beizufügen und wohl auch den nöthigen Vorrath guter Abbildungen herzustellen.

Vor der Hand mag die Bemerkung genügen, dass doch die Hyracotherien der Schweiz (Mauremont und Egerkingen) so gut wie diejenigen aus Frankreich, England (Pliolophus) und America (Cope Vertebr. of the West Pl. XLIX a und LVIII, und Surv. West of 100 Merid. Pl. LXV und LXVI) — und Pachynolophus in noch höherem Grade — den Stempel der Zygodontie in eben so ausgesprochener Weise an sich tragen als die Propalaeotherien. Einstweilen würde es also mindestens verfrüht erscheinen, die Phenacodonten direct, sei es als gleichwerthig mit Hyracotherien, sei es als deren Vorgänger in die Stammform der Pferde-Linie einzuschliessen; und unrichtig, sie gar als einzige und etwa nur americanische Quelle derselben zu proclamiren. Vor der Hand, so lange die Kluft zwischen Trigonodonten und Zygodonten nicht überbrückt ist, werden also die Hyracotherien als die ältesten Zygodonten zu betrachten sein, welche als Wurzelformen der Pferdereihe gelten können. Ob die Phenacodonten als Verbindungsglied zwischen Trigonodonten und Hyracotherien sich herausstellen möchten, oder ob sie erloschen seien, scheint dermalen noch eine so offene Frage zu sein, wie die, ob in America sich nicht doch noch Parallelen zu der europäischen Propalaeotherium-Reihe einstellen möchten.*)

---

*) Vergl. hierüber M. Schlosser Stammesgeschichte der Hufthiere 1886, S. 11 u. ff. An verschiedenen Stellen dieser inhaltsreichen Schrift (Pag. 40, 85 etc.) ist das Wesentliche von Trigonodontie wohl empfunden, aber doch nicht hinlänglich erwogen worden.

Marie Pavlow Développement des Equidés 1888. Der Verfasserin scheint das Unter-

Es leuchtet ein, dass auf so umfangreichem Boden noch eine ganze Anzahl von Hufthierfamilien sich als mögliche Ausläufer trigonodonter Stammquellen anmelden liessen, und zwar nicht nur etwa unpaariglingrige, wie die Chalicotherien americanischen oder europäischen Namens, für welche schon Schlosser eine Ableitung von Condylarthra in Aussicht gestellt hat*), sondern auch paariglingrige, wie der americanische Pantolestes und die europäischen Dichobunen u. s. f. In weiterer Linie würden ja sogar die Anoplotherien mit in die Frage hereingezogen werden.

Man kann sich kaum darüber täuschen, dass hiemit sich ein weites Thor zu mancherlei bisher kaum geahnten intimen Verbindungen zwischen den eocenen Faunen der alten und der neuen Welt eröffnet; namentlich erscheinen Dichobunen mit ihren Verwandten, die doch von Anfang an unter den Hufthieren der alten Welt eine Rolle wie von Fremdlingen spielten, bestimmt zu sein, ihre nähere Signatur aus America erhalten zu sollen. Leider ist nicht zu hoffen, dass sich dies Alles etwa so rasch als man wünschen möchte, aufhellen werde. So leicht es ist, auf solchem Boden mit einiger Speculation unsichere Lichtstreifen über grosse Gebiete hinauszuwerfen, so wird eine sichere Gewinnung von festen Thatsachen, wenn sich nicht unerwartete Fundgruben öffnen, noch viel überaus sorgfältige Arbeit kosten, da sich ächte Trigonodontie unter Hufthieren in Europa nur noch in sehr zerstreuten Spuren gezeigt hat; und gerade für das Gebiet der sogenannten Dichobunen würde einstweilen eine Sammlung von Allem was davon bisher in Europa zum Vorschein gekommen ist, noch ein sehr ärmliches Bild bieten.

Mag also auch vor der Hand allerlei für die Annahme sprechen, dass für Jochzähner eine trigonodonte Anlage im Allgemeinen als aus älterer Zeit stammend betrachtet werden dürfte, als ächte Zygodontie, und dass sich dereinst Trigonodontie, in bunodonter Form, an die Trituberculie so mannigfacher Unguiculaten dürfte anschliessen lassen, so lässt sich doch gleichzeitig auf allerlei Thatsachen hinweisen, welche mindestens vor zu eiligen und weitgehenden Verallgemeinerungen warnen müssen. So ist es doch auffallend, dass ganze Familien, wie z. B. die auch in Eger-

---

scheidende zwischen Trigonodontie und Zygodontie entgangen zu sein (Pag. 33, 43 etc.) und es werden daher unrichtigerweise Phenacodus und Hyracotherium geradezu vereinigt.

Die Schrift von Wortmann, Origin and development of existing horses, war mir leider bisher unzugänglich.

Die von C. Vogt in dem inhaltsreichen Schriftchen, betitelt Darwinistische Ketzereien 1887, aufgestellte gewagte Hypothese zweier getrennter Stammquellen für Pferde wird durch den Nachweis von Hyracotherien in America und von Phenacodonten in Europa von selber überflüssig.

*) a. a. O. Pag. 21.

kingen so reichlich vertretenen Lophiodonten, also die Zeitgenossen der Propalaeotherien und Phenacodonten von einer Auflösung in Hügel nichts verrathen, und dass auch bei Pachynolophus und Anchilophus, wenn man auf solche Formen als auf primitivere hinweisen wollte, von einer Annäherung an Trigonodontie nichts zu bemerken ist, ja im Gegentheil das Nachjoch geschlossener und ununterbrochener erscheint als das Vorjoch. Von vornherein müsste man also darauf gefasst sein, dass sich bei verschiedenen Thiergruppen die Ueberführung einer bunodonten, d. h. aus getrennten Höckern bestehenden Anlage in Jochbildung dieser oder jener Art in sehr verschiedener Raschheit, und wohl keineswegs immer mit einer Zwischenstufe von Trigonodontie vollzogen haben möchte.

Der Speculation am meisten offen und ohne Beihülfe sorgfältiger Kenntniss des gesammten Skeletbaues sicher nicht befriedigend zu lösen, wird immer die Frage nach etwaiger Ueberbrückung der Kluft zwischen Ungulaten und Unguiculaten bleiben. Vor der Hand hat sie sich, wovon früher die Rede war, hauptsächlich an das Gebiet der Maki's geklammert. Sie wird selbstverständlich auch auf andere Gruppen übergreifen müssen. Einzelne Brosamen dazu, aber schwerlich mehr, wird, so weit sich urtheilen lässt, auch Egerkingen liefern. Nicht etwa um hierüber etwas beizutragen, sondern viel eher, um Belehrung zu erbitten, und um auch bei diesem Anlass der Sorgfalt von Herrn Cartier, welche allein der Egerkingersammlung, dem so ausserordentlich fragmentaren Zustand der Fossilien zum Trotz, eine nicht geringe Bedeutung gegeben hat, die billige Anerkennung zu zollen, mache ich auf zwei, in Fig. 12 und 13 dargestellte kleine Zahnreihen aufmerksam, die ich noch nicht zu deuten vermochte und die ich also auch nicht etwa mit Namen bezeichne. Obschon die eine, Fig. 12 in einer Hinsicht an gewisse Insectivoren (Cladobates etc.), die andere Fig. 13 an Marsupialien (Peratherium etc.) denken lässt, so glaube ich sie einstweilen keinem bisher bekannt gewordenen europäischen Fossil gleichstellen zu können; die exquisite Trigonodontie, die sie zur Schau tragen, scheint eher auf Formen, wie sie bisher als dem americanischen Eocen angehörig galten (Mioclaenus, Hyopsodus, Chriacus u. s. f.) hinzuweisen. Dies mag es rechtfertigen, wenn ich sie hier, wo ja wesentlich von Bindegliedern zwischen americanischen und europäischen Säugethieren des Eocen's die Rede war, einfach den Fachgenossen vorlege.

—

Die Ergebnisse, zu welchen die vorliegenden Untersuchungen meiner Anschauung nach geführt haben, lassen sich kurz etwa in folgende Hauptpunkte zusammenstellen.

1. Dass die von Cope auf den Détail von Gelenkverbindung in Carpus und Tarsus gegründeten Categorien von Hufthieren, — ganz abgesehen von der in so vielen Fällen schwierigen oder unmöglichen Verwendbarkeit, — nicht den Anspruch machen können, für systematische Zwecke brauchbare Anhaltspunkte zu liefern. Obwohl sie von der Reihenfolge von Modificationen im Mechanismus der Bewegung ein lehrreiches Bild geben, so sind sie doch weit davon entfernt, scharfe Unterscheidungen zu bieten.

Vor allem kann der sogenannten Condylarthrie nur eine höchst relative Bedeutung beigelegt werden, und zwischen ihr und der sogenannten Diplarthrie bestehen keinerlei feste Grenzen. Die Aufstellung einer besonderen Hufthiergruppe mit so willkürlich gezogenen Marken ist daher geeignet, die Einsicht in die natürliche Entwicklung der Hufthiere eher zu trüben als aufzuhellen, und die Gruppirung der Hufthiere nach Anhaltspunkten festerer Art eher zu erschweren als zu erleichtern.

2. Der Bauplan, dem die Oberkieferzähne der sogenannten Condylarthra folgen, besteht im Wesentlichen in einer Disposition der Kauhügel, die sich für Hufthiere wohl passend mit dem Namen Trigonodontie bezeichnen lässt, indem die Haupthügel der Zahnkrone, drei bis fünf, derart in's Dreieck gestellt sind, dass das bei Jochstellung der Kauhügel bestehende Querthal geschlossen ist.

Es schliesst sich diese Zahnform nahe an diejenige an, welche unter Maki's und Insectivoren weit verbreitet ist und schliesslich an diejenige von Carnivoren streift. Hiebei erscheint es als sehr wahrscheinlich, dass Trigonodontie als eine elementarere und in so fern ältere Form von Zahnbau zu betrachten sei, als die verschiedenen Formen von Zygodontie, sei es Lophodontie oder Selenodontie. Versuche von Selenodontie scheinen übrigens schon aus trigonodontem Boden hervorzugehen.

3. Trigonodonter Oberkieferzahnbau, wie er den sogenannten Condylarthra zukömmt, ist keineswegs ausschliesslich auf americanische Hufthiere beschränkt, sondern findet sich bis auf Details, welche als Genus-Merkmale gelten, auch in Europa vor.

Dies lässt es als sehr wahrscheinlich erscheinen, dass sich mit der Zeit die angeblichen Attribute von Condylarthrie auch im Fussbau von altweltlichen Fossilien werden auffinden lassen.

4. Für weiter zurückliegende Quellen der Pferde-Reihe, als sie in Alter Welt seit langer Zeit erst in den Palaeotherien, später in den Hyracotherien des europäischen Eocens anerkannt wurden, ist es durchaus unnöthig, sich in America umzusehen, da Formen von eben so primitivem Gepräge, wie die bis jetzt als letzte Quelle für Pferde aufgestellte Gruppe der Phenacodonten in Europa nicht fehlen.

5. Abgesehen von den Dinocerata, die bis jetzt dem Eocen von Wyoming so ausschliesslich anzugehören scheinen, wie etwa die Toxodontia dem Pleistocen von La-Plata, mehren sich in den ältesten Tertiärschichten der Alten und der Neuen Welt die Parallelen von Säugethieren der Art, dass ein gemeinsames, wenn auch sehr ausgedehntes Quellgebiet für die erloschenen Typen der Bevölkerung der Alten und der Neuen Welt schon jetzt wie ein Postulat erscheint.

In europäischen Fundorten haben sich bis jetzt Formen, die bisher als ausschliesslich dem nord-americanischen Eocen angehörig galten, am reichlichsten in der Fauna von Rheims und in derjenigen von Egerkingen vorgefunden. Die sonst so reiche Fauna von Caylux scheint daran ärmer zu sein.

6. Unter den Pseudo-Lemuriden von Egerkingen erweist sich der im Jahr 1862 aufgestellte Caenopithecus als verschieden von den Adapis-Arten des französischen Eocens und scheint, obwohl er von einer europäischen Art (Adapis Duvernoyi) begleitet ist, mit einigen der sogenannten Mesodonta des nord-americanischen Eocens in eben so naher Beziehung zu stehen wie mit Adapis.